Die Heilkraft der Selbstfürsorge

Die Heilkraft der Selbstfürsorge

Umbrüche, Verlust und Trauer:
Wege aus der emotionalen Krise

Suzy Reading

Für alle, die schwere Zeiten durchleben, Sie sind nicht allein. Gemeinsam gehen wir den Weg zur Heilung.

© 2021 ZS Verlag GmbH
Kaiserstraße 14 b
D-80801 München

ISBN 978-3-96584-063-8
1. Auflage 2021

First published in Great Britain in 2020 by Aster, a division of Octopus Publishing Group Ltd
Carmelite House, 50 Victoria Embankment, London EC4Y 0DZ
Text copyright © 2020, 2021 Suzy Reading
Illustrations copyright © 2020, 2021, Madeline Kate Martinez
Design and layout copyright © 2020, 2021 Octopus Publishing Group
All rights reserved.

Suzy Reading has asserted her right under the Copyright, Designs and Patents Act 1988 to be identified as the author of this work.

Projektleitung der deutschen Ausgabe: Kathrin Mayr
Übersetzung: Petra Frese, Dortmund
Lektorat und Satz: trans texas publishing services GmbH, Köln
Cover: Aline Kettenberger
Herstellung: Frank Jansen
Producing: Jan Russok
Printed and bound in China

Die ZS Verlag GmbH ist ein Unternehmen der
Edel SE & Co. KGaA, Hamburg.
www.zsverlag.de | www.facebook.com/zsverlag

Alle Rechte vorbehalten. All rights reserved. Das Werk darf – auch teilweise – nur mit Genehmigung des Verlags wiedergegeben werden.

Hinweis:
Die Ratschläge in diesem Buch wurden mit größter Sorgfalt von Autorin und Verlag erarbeitet und geprüft. Eine Garantie kann jedoch nicht übernommen werden. Ebenso ist eine Haftung der Autorin bzw. des Verlags und seiner Beauftragten für Personen-, Sach- oder Vermögensschäden ausgeschlossen. Erkrankungen mit ernstem Hintergrund gehören in ärztliche Behandlung! Bei bereits bestehenden Beschwerden kann das Buch daher keinen fachärztlichen Rat ersetzen.

Inhalt

Einleitung	6
Das ist Selbstfürsorge	18
Yoga & seine therapeutischen Eigenschaften	45
Teil eins: Stress & Burn-out	53
Teil zwei: Verlust & Trauer	117
Teil drei: Veränderung & Übergang	155
Nachwort	186
Literaturhinweise	188
Register	190
Danksagung	192

Einleitung

Schwere Zeiten. Eine schlechte Nachricht nimmt Ihnen den Atem und Sie glauben, nie wieder ruhig schlafen zu können. Nur ein einziger Augenblick und nichts ist mehr wie zuvor. Fassungslos stellt man fest, dass um einen herum alles weiterläuft, als sei nichts geschehen. Es ist ein entsetzlicher Verlust. Ein Betrug, der einen innerlich zerreißt. Es ist eine Vorahnung, dass das Leben zerbrechlich, kostbar und endlich ist und dass es für nichts eine Garantie gibt. Es ist der Alltagsstress, der aus Arbeitsleben, Familie, Kindern und Verantwortung besteht und unsere Lebensenergie aufzehrt. Oder es ist etwas, was man sich von ganzem Herzen gewünscht hat und wofür man beharrlich gekämpft hat, doch der Erfolg stellt sich nicht ein oder es ist weitaus schwieriger als gedacht. Es kann auch der Übergang in einen neuen Lebensabschnitt sein, der sich zur Krise gestaltet, ebenso wie die Trauer um unerfüllte Zukunftsträume, selbst wenn man sich bewusst für das momentane Leben entschieden hat. Es sind die Stationen des Lebens, die ersten und letzten Male. All diese Dinge haben eines gemeinsam: Sie stellen uns vor die Frage, wie es weitergehen soll.

Und hier beginnt unsere gemeinsame Reise.

Trotz des Lächelns in der Öffentlichkeit und der geschönten Bilder im Internet ist jeder anfällig für Krisen. Kein Mensch ist immun gegen schwierige Erfahrungen, tiefe Gefühle, Verluste und Zeiten, in denen einem das Wasser bis zum Hals steht. Wir alle durchleben harte Zeiten, und wenn

Sie gerade mitten in einer Krise stecken, die Sie in die Knie zwingt, oder sich momentan von Problemen erholen, bedeutet das nicht, dass Sie schwach sind. Es bedeutet, dass Sie ein Mensch sind.

Viele Situationen, die eine Krise auslösen können, scheinen zunächst einmal gar nicht schwierig zu sein: Dinge, die man sich sehnlichst wünscht oder anstrebt, wie ein Umzug, ein Renovierungsprojekt, die Geburt des ersten Kindes, eine Beförderung, die Gründung eines eigenen Unternehmens oder ein Hauskauf. Doch wenn solche Situationen zusammentreffen oder sich gar anhäufen, erschauern wir noch im Nachhinein, wenn wir später darauf zurückblicken. Ich hoffe, dass Ihnen eine andere Sichtweise auf diese Lebensereignisse – ohne Schuldgefühle und Selbstgeißelung – eine tiefere innere Ruhe schenkt und Sie sich zugestehen können, jetzt, in diesem Abschnitt Ihres Lebens, die Dinge anders anzugehen. Wir beschreiten diesen heilenden Weg gemeinsam und ich gebe Ihnen Fähigkeiten an die Hand, die Sie stärken und es Ihnen ermöglichen, auf die Seite zu wechseln, auf der Sie sich erholen können, bevor das Leben unweigerlich zu einer Herausforderung wird.

Was sind schwierige Zeiten? Sie können ganz unterschiedlich sein, manche sind erwünscht, andere unvermutet und viele sind vollkommen unvermeidlich. Körper und Geist funktionieren nicht wie gewünscht; im Job, in der Familie und in Beziehungen erleben wir Stress und irgendwann im Leben verlieren wir Menschen, die wir lieben. Aufgrund meiner Berufserfahrung als Psychologin und eigener Erlebnisse lassen sich drei Themenbereiche definieren: Stress und Burn-out, Verlust und Trauer sowie Umbruchsituationen. Jede dieser Erfahrungen kann mit speziellen *Bewusstseinstechniken* durchlebt werden, durch die man sich besser davon erholt. Oft befinden wir uns in einem inneren Kampf, ohne zu realisieren, dass die Situation durch Verlust entstanden ist. Allein das Eingeständnis eines Verlusts setzt innere Heilungskräfte in Gang. Wenn Sie verstehen, wie sich ein Erlebnis auf Sie auswirken kann, und wissen, wie Sie mit Stress, Verlust und Veränderung umgehen können, sind Sie gut gewappnet fürs Leben.

SCHWERE ZEITEN

SO KANN IHNEN DIESES BUCH HELFEN

Wenn Sie gerade eine dieser Erfahrungen durchleben oder hinter sich haben, kann Ihnen dieses Buch bei deren Bewältigung oder Heilung helfen. Es kann Ihre Entschlossenheit und Widerstandskraft stärken und Sie so auf neue Herausforderungen vorbereiten. Es eröffnet Ihnen als Partner, Elternteil, Familienmitglied, Freund oder Arzt einen tiefen Einblick, um andere besser verstehen und unterstützen zu können. Wir alle profitieren vom offenen Gespräch über unsere Erfahrungen, denn daraus erwachsen Heilung sowie ein tiefes Gefühl von Verbundenheit und Selbstverantwortung.

Oft lernen wir unsere Gesundheit erst dann zu schätzen, wenn wir in eine Krise geraten und unsere Energie nachlässt. In dem Moment erkennen wir, wie wichtig Selbstfürsorge ist und dass sie ein Mittel zur Heilung ist. Wenn wir uns nicht um uns selbst kümmern, werden wir anfällig für Burn-out, Angstzustände und Depressionen. Durch das bewusste Erleben von Erfahrungen haben wir die Möglichkeit, das nächste Mal andere, bessere Entscheidungen zu treffen. Dann wird Selbstfürsorge zu einer Lebensweise, die uns Schritt für Schritt weiterbringt. Dieses Buch zeigt Ihnen dafür verschiedene Wege, um Ihr Heute liebevoll zu gestalten.

Vielleicht sind Sie so erschöpft, dass Sie nicht einmal wissen, wie Sie aus dem Bett kommen sollen, ganz zu schweigen von den Aufgaben, die auf Sie warten. Vielleicht kämpfen Sie mit heftigen Gefühlen und haben Angst, von ihnen überwältigt zu werden, sodass Sie nicht mehr aufhören können zu weinen. Vielleicht sind Sie orientierungslos und wissen nicht mehr, wer Sie sind oder was Sie tun sollen. Sie fragen sich, wie alle anderen das schaffen, während Sie fürchten, jeden Moment zusammenzubrechen. Doch man sieht immer nur die Oberfläche der Mitmenschen und die sozialen Medien zeigen auch nur die Schokoladenseiten.

Solche Situationen können uns das Gefühl geben, dass wir den Verstand verlieren. Ich weiß nicht, wie viele Menschen das schon zu mir gesagt haben. Sie sind damit also nicht allein. Auch ich habe das schon erlebt. Gesundheit und Vitalität scheinen ebenso unerreichbar wie Selbstfürsorge oder die Lösung des Problems.

Wenn wir in einer Krise stecken, ist für Selbstfürsorge oft gar kein Platz. Das ist ganz normal, machen Sie sich deshalb bitte keine Vorwürfe! Selbstkritik ändert nichts an den Umständen, im Gegenteil, sie erschwert sie nur. Wenn Selbstvorwürfe aber zur Gewohnheit geworden sind, kann dieses Buch Ihnen helfen. Sie lernen, liebevoll mit sich umzugehen und gesunde, hilfreiche Gewohnheiten zu etablieren. Ich zeige Ihnen, wie das geht. Das ist eine der besten Fähigkeiten im Leben.

Wenn wir Selbstfürsorge am dringendsten brauchen, können wir sie uns am wenigsten geben. So erging es mir. Mein ganzes Leben drehte sich um Gesundheitsstrategien – ich war (und bin noch) Psychologin, Yogalehrerin und Personal Trainerin. Dann bekam ich zur selben Zeit ein Kind und verlor meinen Vater. Eigentlich kannte ich jede heilende Strategie, als ich diese erste ernste Prüfung des Lebens durchmachte. Doch keine meiner Ausbildungen bereitete mich auf solch ein Zusammentreffen der Ereignisse vor. Selbstfürsorge ist recht einfach, wenn im Leben alles glatt läuft.

Wenn einem das Leben übel mitspielt, fällt es schwer, sich um sich selbst zu kümmern. Es fehlen Zeit und Energie, die Ideen gehen einem aus und man fühlt sich schuldig – das ist das hartnäckigste Hindernis von allen. Wir haben ein schlechtes Gewissen, wenn wir uns Zeit für uns selbst nehmen, weil die Zeit dann für andere Menschen oder Aufgaben fehlt.

Ich musste es auf die harte Tour lernen: Meine Bedürfnisse zu verleugnen, meine Gesundheit zu ignorieren und standhaft an meine Unbesiegbarkeit zu glauben, hat mich nur an einen Ort geführt – den absoluten Tiefpunkt. Und da war ich niemandem nützlich. Um die Mutter, Ehefrau, Nichte, Freundin und Psychologin zu sein, die ich sein wollte, musste ich mich um mich selbst kümmern. Diese Erkenntnis ließ mich mit dem Schuldgefühl Frieden schließen. Wir haben ein schlechtes Gewissen, aber wir kümmern uns trotzdem um uns selbst. Diese Erkenntnis vertiefte sich, als mich das Leben nochmals mit einem Schicksalsschlag erwischte – erstaunlicherweise mit denselben Situationen: einem Umzug in ein anderes Land, einem Kind und einem Verlust. Beim zweiten Mal war die Erfahrung jedoch ganz anders. Es war immer noch eine enorme schmerzliche Erfahrung. Aber jetzt wusste ich, wie wichtig es ist, für mich selbst zu sorgen und wie mir das helfen kann. Dieses Mal kam ich viel schneller wieder auf die Beine.

Viele Menschen werden von Krisen überwältigt. Es ist ein Trost zu erkennen, dass sie selbst keine Schuld daran tragen. Bitte lassen Sie sich diese Worte etwas durch den Kopf gehen. Wir wachsen in einer Kultur mit dem Motto auf: „Wieder aufstehen, es ist nichts passiert, nicht weinen und weitermachen." Viele von uns wurden mit der Vorstellung erzogen, man solle sich nichts anmerken lassen. Es war verpönt, Gefühle zu zeigen. Kein Wunder also, dass Stress, Verlust und Veränderung im Erwachsenenalter Probleme bereiten. Überfürsorgliche Eltern wollen ihren Kindern selbst kleinste Unannehmlichkeiten oder Schwierigkeiten ersparen. Wenn wir unseren Kindern alles abnehmen, wenn wir jedes Problem für sie „regeln" oder Gefühle gar nicht erst aufkommen lassen, hindern wir sie daran, Problemlösungsstrategien, unterschiedliche Gefühle und Selbstvertrauen zu entwickeln. Manchmal fehlen auch uns diese Fähigkeiten und wir müssen sie mit unseren Kindern erlernen.

In unserer Kultur zählt der Verstand mehr als die Weisheit des Körpers. Wir verwenden viel Energie darauf, zu lernen, wie wir uns über die Bedürfnisse unseres Körpers hinwegsetzen. Erinnern Sie sich daran, wie schwer es war, in der Schule still zu sitzen? Ich wette, das Gefühl kommt sofort wieder, wenn Sie ganz leise am Schreibtisch sitzen und in sich hineinhören. Wir sollten uns das Recht zurückerobern, zu fühlen, unsere Empfindungen wahrzunehmen, unseren Gefühlen Ausdruck zu verleihen und sie liebevoll und mitfühlend zu durchleben.

Unser Körper hat die Fähigkeit zu heilen. Ich möchte Ihnen helfen, diese natürliche Fähigkeit wiederzufinden und sich bei diesem Heilungsprozess nicht selbst im Weg zu stehen, indem Sie sich Leben spendende Gewohnheiten statt Bewältigungsstrategien oder „Krücken" aneignen, die nur kurz wirken. Es geht darum, für das eigene Wohl zu sorgen und mit der Energie zu haushalten. Ich stelle Ihnen Techniken vor, mit denen wir Stress, Verlust und Veränderungen überstehen. Wir werden den erschöpften Körper, den müden Geist wiederbeleben und das gebrochene Herz heilen. Wir werden die inneren Heilungskräfte in Gang setzen, die uns Vitalität und Klarheit bringen.

Einleitung

Das ist Selbstfürsorge

WOHER KOMMT DAS KONZEPT?

Die Sorge für sich selbst steht in letzter Zeit immer mehr im Fokus. Dafür gibt es gute Gründe, doch das Bewusstseinskonzept ist alles andere als neu. Der Begriff wurde ursprünglich im Zusammenhang mit Menschen benutzt, die in besonders stressigen Berufen arbeiten, zum Beispiel Therapeuten, Mediziner und Ersthelfer. Unsere Gesellschaft beginnt gerade einen offeneren Dialog über psychische Gesundheit und es wird uns immer bewusster, dass wir bessere Strategien für den Umgang mit Krisen brauchen. Die Sorge darum, wie wir unsere psychische und emotionale Gesundheit stärken können, wächst, denn die Zahlen sind alarmierend, besonders im Hinblick auf junge Menschen. Wenn man hört, dass in Deutschland im Jahr 2018 „25–35 Prozent aller Jugendlichen sich schon einmal selbst verletzt haben"[1], und Studien zeigen, dass bei Kindern emotionale Störungen zunehmen – bei einer Untersuchung 2017 in Deutschland zeigte sich, dass 28 Prozent aller unter 18-Jährigen als psychisch krank diagnostiziert wurden[2] –, können wir es uns einfach nicht leisten, Selbstfürsorge herunterzuspie-

len und es zu versäumen, unsere Kinder mit lebensbejahenden Fertigkeiten auszustatten.

Die tragisch hohe Selbstmordrate bei Männern (2017 in Deutschland dreimal mehr Männer als Frauen)[3], die Tatsachen, dass Selbstmord die häufigste Todesursache bei jungen Müttern ist[4] und dass die Selbstmordrate bei Frauen in den Wechseljahren hoch ist[5], zeigen ebenfalls, dass wir aktiv werden müssen.

Der Begriff Selbstfürsorge wird gern von Marken gekapert, die damit Schönheitsprodukte verkaufen wollen. Aber an Selbstfürsorge ist nichts Kuscheliges oder Weiches. Im Zusammenhang mit Achtsamkeit, Widerstandskraft, Mitgefühl und gesundheitsfördernden Fertigkeiten wird Selbstfürsorge immer bekannter. In den 1990er-Jahren gab es in der Psychologie einen Paradigmenwechsel. Der Schwerpunkt verschob sich von der Untersuchung psychischer Erkrankungen auf die Voraussetzungen für geistige Gesundheit. Zwei Jahrzehnte wurde intensiv geforscht, was das Leben lebenswert macht. In diesem Buch betrachten wir Strategien, die auf dieser Grundlage beruhen.

WAS GENAU IST SELBSTFÜRSORGE?

Als einfachste Definition könnte man sagen *Selbstfürsorge ist Gesundheitsfürsorge.* Sie sorgt für die miteinander verbundenen Aspekte des Seins – die psychische, körperliche und emotionale Gesundheit. Um zu erkennen, ob etwas wirklich gut für uns ist, sollten wir stets sowohl die unmittelbaren als auch die langfristigen Auswirkungen beobachten – Selbstfürsorge tut uns jetzt gut und stärkt außerdem unsere Gesundheit in der Zukunft, also unser „zukünftiges Ich". Das unterscheidet eine kurzlebige Technik von einer echten nachhaltigen Selbstfürsorgelösung. Die Sorge für sich selbst lässt sich auch als Energiemanagement begreifen. Wir brauchen Energie, um durch den Tag zu kommen, und je höher unser Energielevel ist, desto besser sind wir auf schwere Zeiten vorbereitet. Regelmäßiges Aufladen unserer Batterien durch Selbstfürsorge sorgt dafür, dass wir in diesem Moment besser zurechtkommen und schneller wieder in Form sind.

WIE SIEHT SELBSTFÜRSORGE AUS?

Selbstfürsorge ist so unterschiedlich wie die Menschen, die sie praktizieren, und sie kann im Lauf der Zeit an die Veränderung der jeweiligen Bedürfnisse angepasst werden. Darum benötigen wir zahlreiche personalisierte Tools. Im Chor singen, angeln, malen, fotografieren, tanzen oder

Leute treffen – all das kann Selbstfürsorge sein, aber auch einen tiefen Atemzug nehmen, ein Wort der Dankbarkeit, wenn man sich an den Abendbrottisch setzt, eine Geschmacksnote, das Gefühl der Sonne auf der Haut, während Sie zur Arbeit fahren, oder der Geruch frisch gewaschener Wäsche. Die meisten Menschen verbinden für sich selbst zu sorgen mit einer Handlung oder einem Ritual, aber ich möchte den Begriff weiter fassen.

Selbstfürsorge ist nicht nur ein Hobby, sie besteht vielmehr aus verschiedenen Techniken, die jederzeit im Alltag angewendet werden können, wenn man sie erlernt und verinnerlicht hat. Für sich selbst zu sorgen, muss nicht als zusätzlicher Punkt auf Ihrer übervollen To-do-Liste stehen – es bietet Ihnen einen anderen Blick aufs Leben und neue Wege zu reagieren.

Diese Techniken helfen uns, Ereignisse in einem neuen Licht zu sehen und konstruktiv vorzugehen. Sie verringern unseren Stresslevel, schenken uns Ruhe, erden uns und lassen uns Augenblicke des Friedens erleben. Sind diese Fertigkeiten erst einmal in unserem Alltag integriert, wird Selbstfürsorge zur Lebensweise. Damit erübrigt sich der Einwand, wir hätten für Selbstfürsorge nicht genug Zeit. In diesem Buch finden Sie viele nützliche Vorgehensweisen, aber am wichtigsten ist es, die wesentlichen Techniken zu erlernen. Sie kennen sie schon, aber Sie sind sich ihrer noch nicht bewusst. Diese Techniken sind wie Muskeln, die mit dem richtigen Training stark werden und wachsen.

Die Vorteile der Selbstfürsorge

- Selbstfürsorge hilft uns, schwere Zeiten unbeschadet zu überstehen.

- Selbstfürsorge verschafft uns Erholung nach einschneidenden Erfahrungen oder schwierigen Lebensabschnitten.

- Selbstfürsorge stärkt unsere Widerstandskraft, schützt uns vor zukünftigem Stress und lässt uns schneller wieder auf die Beine kommen.

- Selbstfürsorge zeigt uns eine Seite unserer Persönlichkeit, auf die wir stolz sein können. Davon profitieren alle Menschen um uns herum.

- Selbstfürsorge verbessert unsere Beziehungen und die Harmonie in der Familie. Sie hilft uns, selbstbewusste Kinder zu erziehen, die mit ihren Gefühlen umgehen können.

SELBSTFÜRSORGE IN SCHWIERIGEN ZEITEN

Einen gesunden Umgang mit Stress, Verlust und Veränderungen können wir erlernen. Unsere üblichen Verhaltensweisen, wenn alles gut läuft, funktionieren plötzlich nicht mehr oder geben nicht das her, was wir in schwierigen Zeiten brauchen. Es ist uns zu viel, zu unserer Lieblingsyogastunde zu gehen, die Joggingrunde fühlt sich an, als wate man durch Sirup, und selbst ein Treffen mit guten Freunden kann zur Anstrengung werden. Wir fühlen uns in einem Nebel, aus dem wir nicht herauskommen. Dann trinken wir Kaffee, um in die Gänge zu kommen, Essen und Alkohol sollen uns betäuben und Medien uns ablenken. Das alles hilft vielleicht kurzfristig, aber langfristig tun wir uns damit keinen Gefallen. Was diese Hilfsmittel allein mit unserem Schlaf anstellen, schafft ein zusätzliches Problem, mit dem wir uns obendrein auch noch auseinandersetzen müssen. Dieses Buch stellt Ihnen lebensbejahende Möglichkeiten vor, die wenig Zeit und Energie sowie gar kein Geld kosten. Gemeinsam finden wir einen Weg.

Bevor wir loslegen, lassen wir die Gedanken noch etwas schweifen. Tun Sie dies bitte so sanft wie möglich. Bewertungen und Selbstvorwürfe stören nur. Was geschehen ist, ist geschehen. Jetzt geht es darum, zu entscheiden, wie es weitergeht.

Das ist Selbstfürsorge

1. Womit trösten und unterstützen Sie sich im Augenblick? Erfüllen Sie damit wirklich Ihre Bedürfnisse und tun Sie sich damit auch langfristig gesehen etwas Gutes? Und welchen Preis bezahlen Sie letztendlich für diese momentanen Bewältigungsstrategien?

2. Gibt es eine entspannende Beschäftigung, die Sie vergessen haben? Gibt es etwas, das Sie wieder aufnehmen möchten? Möchten Sie vielleicht wieder Gitarre spielen oder an einen speziellen Ort fahren, an dem Sie sich jemandem verbunden fühlen können? Vielleicht möchten Sie etwas Altes wieder aufgreifen, das aber in Ihrem derzeitigen Leben eine andere Gestalt annehmen muss, um zu passen. Wenn Ihnen nichts Entsprechendes einfällt, versuchen Sie, gemeinsam mit einem Freund oder einer Freundin einen Weg zu finden. Oder Sie finden etwas Neues, das Ihr Bedürfnis erfüllt.

3. Betrachten Sie Selbstfürsorge als Energiemanagement und gestatten Sie sich, sorgfältig mit Ihrem kostbaren Energiehaushalt umzugehen. Gibt es Energiefresser, die Sie ausschalten, vermeiden oder minimieren können? Finden Sie heraus, welche Menschen, Orte oder Aufgaben Sie auslaugen, also Ihnen Energie entziehen. Finden Sie heraus, wie Sie sich schützen können. Wenn diese Energiefresser sich nicht umgehen lassen, benutzen Sie dieses Buch, um Ihre Batterien wieder aufzuladen.

Das ist Selbstfürsorge

WARUM SELBSTFÜRSORGE AUCH SCHWIERIG SEIN KANN

Es geht um mehr als nur Zeit, Energie und Geld. Selbstfürsorge ist Gesundheitsvorsorge und wir wissen alle, was wir zum Gesundsein brauchen, nicht wahr? Aber einfach ist es nicht. Die gesündeste Lösung ist nicht immer die attraktivste. Manchmal ist Selbstfürsorge schlichtweg unbequem! Beim Sorgen für sich selbst geht es nicht ums Verwöhnen – manchmal ist genau das erforderlich, worauf Sie gerade am wenigsten Lust haben. Aber das hilft im Heilungsprozess. Ihr zukünftiges Ich wird es Ihnen danken. Eines möchte ich betonen: Seien Sie nicht zu streng mit sich, auch wenn der Anfang schwierig ist. Jeder führt einen inneren Kampf. Bestrafen Sie sich nicht. Es gibt hier kein Richtig oder Falsch. Es gibt nur die Chance, etwas zu lernen und andere Entscheidungen zu treffen.

Gute Lösungen kommen einem oft schon in guten Zeiten nicht in den Sinn. In Krisenzeiten ist es umso schwerer. Wenn man den Tiefpunkt erreicht hat, wünscht man sich einfach nur eine schnelle Besserung der Situation. Wer gerade erschöpft ist oder trauert, kann kaum einen klaren Gedanken fassen. Halten uns Stresshormone, tiefe Trauer, Verwirrung durch Veränderungen in den Klauen und quälen uns Schlafmangel, körperlicher oder seelischer Schmerz, ist es mitunter unglaublich schwer, klar zu denken und zielgerichtet zu handeln. Es kann helfen, sich die energetischen Grundlagen vor Augen zu halten, um konstruktive Entscheidungen zu treffen – genug schlafen, Körper und Seele nähren, ausreichend trinken, Zeit in der Natur und mit anderen

Leuten verbringen und sich bewegen, um mental gesund zu bleiben. In diesem Buch erfahren Sie, wie es auch in Krisenzeiten möglich ist, energetische Techniken anzuwenden. Alte Gewohnheiten schleichen sich immer mal wieder ein, auch bei mir. Doch dann ermahnen mich Körper und Seele, einen anderen Weg einzuschlagen.

DAS SCHLECHTE GEWISSEN ÜBERWINDEN

Vielleicht blitzen bei Ihnen immer mal wieder Schuldgefühle auf und halten Sie von etwas ab oder – noch schlimmer – Sie fühlen sich, als hätten Sie es nicht besser verdient. Um eines klarzustellen: Jeder Mensch verdient es, geliebt und umsorgt zu werden. Egal, was man Ihnen irgendwann einmal gesagt hat oder welche Gefühle in Ihnen geweckt wurden (und wenn Sie sich davon angesprochen fühlen, haben Sie mein tiefstes Mitgefühl) – *Sie verdienen es, sich geliebt und umsorgt zu fühlen.*

Um mit diesen Gefühlen Frieden zu schließen, denken Sie einen Augenblick darüber nach, warum für Sie persönlich Selbstfürsorge wichtig ist. Das zu erkennen, wird Sie befreien und motivieren, etwas anderes zu versuchen,
denn wenn Sie sich anders fühlen möchten,
müssen Sie die Dinge anders angehen.
Nachdenken allein reicht nicht.

1. Denken Sie an eine Rolle in Ihrem Leben, die Ihnen wirklich wichtig ist. Es kann die als Partner oder Partnerin, Elternteil, Pflegender, Unternehmer oder Heilender sein. Denken Sie an Eigenschaften, die Sie in dieser Rolle anstreben. Wie soll Ihr Gegenüber Sie erleben? Welches Verhalten oder welche Werte wollen Sie vorleben? Was möchten Sie der Welt hinterlassen?

2. Halten Sie nun fest, was Sie im Leben brauchen, um diese Version von sich selbst zu sein. Seien Sie dabei so genau wie möglich, vom Morgen bis zum Abend. Worauf können Sie in Ihrem Alltag nicht verzichten, um so zu funktionieren?

3. Auf der Grundlage dessen, was Sie oben herausgefunden haben, notieren Sie, was Selbstfürsorge Ihnen und Ihren Lieben in Ihrem Leben ermöglichen würde. Schreiben Sie auf, warum das nicht nur ganz gut, sondern wirklich notwendig ist. Wann immer Schuldgefühle Sie packen, können Sie sich diese Liste ansehen.

Denken Sie daran, dass der Nutzen von Selbstfürsorge weit über Sie als Individuum hinausgeht und die Menschen in Ihrer Umgebung beeinflusst. Halten Sie sich das vor Augen, wenn sich das schlechte Gewissen das nächste Mal meldet. Das hat mit Narzissmus nichts zu tun. Es geht nur darum, anzuerkennen, dass auch Ihre Bedürfnisse berücksichtigt werden müssen. Auch Ihre Gesundheit ist wichtig. Das bedeutet nicht „ich zuerst", sondern „ich auch". So können Sie schwere Zeiten überstehen, wieder auf die Beine kommen und sich der Welt so zeigen, wie Sie möchten.

WIE KÖNNEN WIR ECHTE SELBSTFÜRSORGE EINFACH UMSETZEN?

Das einfachste und schnellste Mittel, um sich in Notzeiten an die Sorge für sich selbst zu erinnern, ist ein Diagramm. Dafür habe ich das Vitalitätsrad geschaffen. Es ist eine Art Mindmap, auf der Sie Selbstfürsorge auf einen Blick erfassen können. Dabei geht es um viel mehr als Schaumbäder, Pediküren und Wochenendausflüge. Das Vitalitätsrad zeigt Ihnen acht Bereiche, in denen Sie Ihre Batterien wieder aufladen können. Das meiste davon kennen Sie sicherlich, aber vielleicht haben Sie einige Themen in diesem Rad noch nie mit Selbstfürsorge in Verbindung gebracht. Gerade wenn einem alles zu viel wird, ist es gut, eine Gedächtnisstütze zum Nachlesen zu haben. Statt eine lange Liste von Selbstfürsorgeideen anzulegen, können Sie Ihre Inspirationen in das Rad schreiben und so schnell wiederfinden. Wählen Sie, was Sie anspricht und für Sie im Augenblick umsetzbar ist.

Bewahren Sie das Rad am Kühlschrank, in Ihrem Kalender oder neben dem Bett auf. Es wird Ihnen helfen, Probleme zu meistern und zu heilen. Jeder Abschnitt in diesem Buch bietet Ihnen zahlreiche Inspirationen, die Sie Ihrem Rad hinzufügen können. Schreiben Sie die Mantras hinein, die Sie ansprechen, notieren Sie die für Sie besten Yogahaltungen, Atemübungen und Bewältigungsstrategien oder wie Sie die therapeutische Kraft der Natur aufnehmen. Einiges wird Sie ansprechen, anderes vielleicht nicht. Das ist gut so, denn es gibt keine generelle Lösung für alles. Doch für alle gilt: Die Dinge

DAS VITALITÄTSRAD

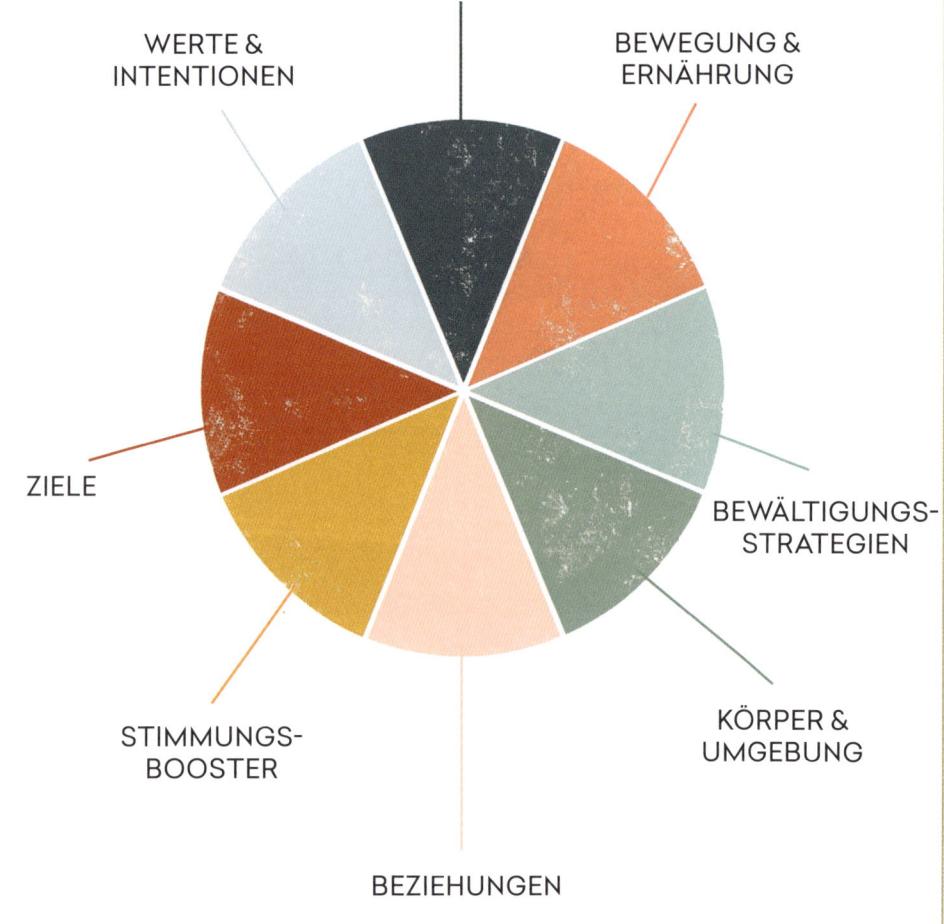

ändern sich und unser Tool dient uns am besten, wenn es sich ebenfalls weiterentwickelt. Sehen Sie immer mal wieder in dieses Buch und entwickeln Sie Ihr Rad weiter. Nehmen Sie es in die Hand, wenn Sie einen Schub brauchen, sich beruhigen möchten oder ein paar freie Minuten haben. Reservieren Sie sich Zeit zur Erholung, verabreden Sie sich mit sich selbst und benutzen Sie das Rad, um die beste Wahl für diesen Augenblick zu treffen.

MEIN HERZENSWUNSCH FÜR DIESES BUCH

Schwere Zeiten schmerzen, daran lässt sich nichts ändern, aber ich hoffe, dieses Buch hilft Ihnen, sie zu überstehen. Ich schöpfe aus meinen Erfahrungen im Umgang mit Stress, Verlust und Veränderung und möchte Ihnen die normalen, menschlichen, fehlbaren Aspekte solcher Lebenslagen vor Augen führen. Zugleich beziehe ich meine berufliche Erfahrung als Psychologin, Yogalehrerin und Personal Trainerin mit ein. Sie sehen also, dass dieses Toolkit auch einen wissenschaftlichen Hintergrund hat. Ich möchte Ihnen Linderung schenken, indem ich Körper, Berührung, Atem, Bewegung und Geist berücksichtige. Dabei schöpfe ich aus Fähigkeiten, die jeden durchs Leben leiten:

» Im eigenen Körper zu Hause sein.

» Sich selbst ein sicherer Hafen sein.

» Sich entspannen und erfrischen können.

» Seine Gefühle verstehen, lernen, sie zu erkennen, auszudrücken und zu durchleben, selbst die, von denen man fürchtet, an ihnen zu zerbrechen.

» Die Fähigkeit erwecken, sich selbst zu trösten.

» Sich selbst schützen, seine Wahrheit sagen und die eigenen Grenzen beachten.

» Sich stärken, um geduldig zu sein und Unklarheiten und Zeiten der Verwirrung zu ertragen.

» Selbsterkenntnis entwickeln, seine wichtigsten Stärken, Werte und Ziele kennen. Das gibt Ihnen Klarheit und Motivation und leitet Sie auf den Weg in Richtung Güte, Liebenswürdigkeit und Mitgefühl.

DIE REISE DURCH DIESES BUCH

Das Buch besteht aus drei Hauptteilen. Im ersten geht es um Stress und Burn-out, im zweiten um Verlust und Trauer und im dritten um Veränderung und Übergang. Sie können das Buch von vorn bis hinten durchlesen oder gleich zu dem Abschnitt blättern, der Sie am meisten anspricht. Wenn Sie immer nur eine Seite schaffen, ist es wunderbar. Auch wenn Sie nur die Bilder betrachten möchten, ist das ein guter Start. Gehen Sie den Weg des geringsten Widerstands und erwarten Sie nicht zu viel von sich. Das Leben ist schwer genug. Nur ein Mantra oder einen Absatz zu lesen, kann schon eine Veränderung hervorrufen. Wir werden die Themen und ihre Auswirkungen auf uns erforschen und sehen, mit welchem besonderen Tool wir die jeweilige Lage bewältigen können. Wir beginnen mit etwas ganz Einfachem und arbeiten uns von da zu komplexen Problematiken vor. Und jedes Mal legen wir das Fundament für ein *neues Tool*.

STRESS & BURN-OUT » Hier geht es darum, die Verbindung zum Körper wiederherzustellen, um die Fähigkeit, zu entspannen und körperlich loszulassen, zu verstehen, wie man sich erholt, zu Kraft kommt und sich erfrischt. Wenn Sie erschöpft sind und Ruhe finden wollen, fangen Sie genau hier an.

VERLUST & TRAUER » Hier geht es um Gefühle, emotionalen Ausdruck und Befreiung, darum, sich zu äußern und sich selbst zu trösten. Beginnen Sie hier, wenn Sie sich von Ihrer emotionalen Last befreien möchten, niedergeschlagen sind und emotionalen Schmerz erleiden.

VERÄNDERUNG & ÜBERGANG » Hier geht es darum, Frieden mit der Unsicherheit zu schließen und Veränderungen anzunehmen, um die Kunst der Gelassenheit, Selbsterkenntnis und die innere Arbeit an Veränderungen. Dieses Kapitel baut auf dem auf, was wir in den ersten beiden gelernt haben. Hier finden Sie heraus, was Sie als Nächstes tun wollen. Sie machen einen Plan und setzen sich Ziele. Beginnen Sie hier, wenn Sie genug Energie haben, um gleich zu handeln, oder wenn Sie unsicher sind und sich Klarheit oder mehr Frieden wünschen.

Das ist Selbstfürsorge

DIE MÖGLICHKEITEN VON SELBSTFÜRSORGE & DIESES BUCH

Ich bin von der Kraft der Selbstfürsorge überzeugt, aber das heißt nicht, dass man alles allein schaffen muss. Wir alle brauchen Unterstützung, ein Zugehörigkeitsgefühl, eine liebevolle Verbindung sowie Menschen, die uns beim Bewältigen und Heilen helfen, die uns sehen und hören, verstehen und schätzen, die uns halten. Ich möchte Sie mit belebenden Fertigkeiten stärken und gleichzeitig ermutigen, um Hilfe zu bitten. Auch ich musste mich auf die Stärke anderer verlassen, die Liebe und Unterstützung derer, die mir nah sind, und auf professionelle Hilfe. Dieses Netz aus Liebe und Fürsorge trägt mich bis heute, selbst in einfachen Zeiten. Dieses Buch kann keine Therapie oder Heilung, die aus einer therapeutischen *Beratung* entsteht, ersetzen. Es soll Ihnen aber das Rüstzeug an die Hand geben, das die Hilfe der Menschen um Sie herum ergänzt.

Selbstfürsorge heißt nicht, alles selbst zu tun, sondern *Verantwortung* für sich selbst zu tragen, sein Leben selbst in die Hand zu nehmen und sich für lebensbejahendes Handeln zu entscheiden, statt den Kopf in den Sand zu stecken und Betäubung und Ablenkung zu suchen. Sie übernehmen die Verantwortung für Ihre Gesundheit, Ihr Verhalten und Ihren Umgang mit dem Leben. Es bringt nichts, die schlechten Zeiten einfach wegzuwünschen – sie sind da, ob es uns gefällt oder nicht. Die liebenswertesten Menschen erleben schreckliche Dinge. Das ist nicht gerecht. Sie haben das nicht verdient. Aber so ist es nun einmal, es lässt sich nicht leugnen und es wird niemand kommen, der Sie rettet. Sie müssen mit dem umgehen, was Sie haben, und das Einzige, was Sie beeinflussen können, ist Ihre Reaktion. Und auch wenn Sie menschlich reagieren und eine absolut gerechtfertigte Wut oder Überforderung spüren, wird der Augenblick kommen, in dem es klick macht und Sie bereit sind, aktiv zu werden, daran zu glauben, dass alles besser wird, oder alles dafür geben, dass Sie die verbleibende Zeit bestmöglich nutzen. Dieses Buch kann zu Ihrem Begleiter werden und Ihnen in einer schlimmen Zeit bei Ihrer Heilung zur Seite stehen.

Vielleicht fragen Sie sich beim Durchblättern, wie um alles in der Welt eine Yogahaltung oder etwas so Schlichtes, wie die eigene Hand zu halten, Ihnen durch Ihren Schmerz helfen soll. Die Frage ist berechtigt. Aber die Kraft dieser Übungen liegt in der Absicht, mit der Sie sie anwenden – es geht darum, unsere angeborenen Heilungsmöglichkeiten kennenzulernen und zu verbessern. Bei jeder kleinen Übung wird eine Fähigkeit vertieft, über die Sie schon verfügen, die Sie aber weiterentwickeln, indem Sie Ihre Aufmerksamkeit auf deren Nutzen lenken und sie trainieren, so wie wir auch einen Muskel aufbauen. Diese Praktiken ergänzen sich. Wenn man sie also über den Tag verteilt übt, wächst ihre Heilkraft. Selbst wenn sie für sich genommen wenig spektakulär erscheinen, bieten sie doch eine Alternative zu frustrierenden Beschäftigungen wie Trostessen oder vor dem Fernseher abhängen. Ich hoffe, dass diese beruhigenden Rituale Ihnen eine willkommene Ablenkung von Sorgen, Kopfzerbrechen und Negativität bieten. Dieses Buch gibt Ihnen etwas an die Hand, womit Sie wirklich etwas tun und verändern können. Wir können vielleicht nichts daran ändern, was uns widerfährt, aber dieses Buch kann Ihnen helfen, sich von dem Gefühl zu befreien, dem Leben ausgeliefert zu sein, und konstruktiver und lebensbejahender zu reagieren.

Lassen Sie Ihre Selbstheilungskräfte wachsen und gedeihen

Das ist Selbstfürsorge

ANMERKUNG ZUM TRAUMA: SIE SIND VERWUNDET, ABER NICHT ZERBROCHEN

Hier eine kleine Warnung: Ich möchte Ihnen mit diesem Buch durch Krisenzeiten helfen. Es kann Ihnen aber nicht helfen, ein Trauma zu verarbeiten. Dazu bedarf es einer Beziehung zu einer anderen Person, die uns ein Gefühl von Sicherheit gibt, die uns hält, während wir die Realität unserer Erfahrung ertragen. Heilende Beziehungen und Verbindungen sind elementar, um das Wohlbefinden wiederherzustellen.[6] Sie müssen das Gefühl haben, dass Sie jemandem am Herzen liegen, auf den Sie wirklich zählen können, der Sie daran erinnert, dass wir alle Menschen sind. Ein Trauma wirkt sich auf das emotionale Gedächtnis und das Nervensystem aus und wir brauchen einen Psychologen, der sich mit Traumata auskennt und uns zeigt, wie wir uns mental neu aufstellen. Nur zu versuchen, die Art des Denkens zu verändern, reicht nicht. Die Auswirkungen eines Traumas liegen jenseits unserer bewussten Kontrolle.

Ein Buch kann eine Therapie nicht ersetzen. Doch wenn Sie traumatisiert sind, sollen Sie wissen: Sie sind verwundet, aber Sie sind nicht zerbrochen. Ich habe mich auch so gefühlt, aber das ist nicht unumkehrbar. Heilung ist möglich. Peter Levine, ein Traumaexperte, fasst das wunderbar zusammen: „Ein Trauma ist eine Tatsache des Lebens. Ein Trauma muss jedoch kein lebenslanges Verhängnis sein."[7] Sie können in Ihren Körper heimkehren. Sie können sich in ihm wieder sicher fühlen. Sie können Ihr Nervensystem neu schulen, sodass es die Bedrohungserwartung herunterfährt und Sie wieder Frieden im Hier und Jetzt finden. Sie können lernen, sich zu beruhigen, zu entspannen und eine fürsorgliche Beziehung zu sich selbst aufzubauen. Sie können Ihre persönliche Kraft wiederfinden, Ihre Energie und Ihren Mut. Das Gefühl, etwas zu bewirken und Ihr Leben in die Hand nehmen zu können, lässt sich wiederbeleben. Suchen Sie sich bitte einen erfahrenen Therapeuten, der Ihnen auf dem Weg zur Heilung zur Seite steht. Ich hoffe, dieses Buch unterstützt Sie dabei.

Grundkurs Trauma

Niemand ist vor traumatischen Erfahrungen sicher. Sie sind das Resultat von Verlusten, Konflikten oder Missbrauch und beeinflussen nicht nur die direkt Betroffenen, sondern auch die Menschen, mit denen sie leben und arbeiten, ihre Umgebung und selbst nachfolgende Generationen. Traumata entstehen nicht nur durch große Ereignisse. Auch eine Reihe von Vorkommnissen, groß oder klein, können uns traumatisieren, das ist ganz subjektiv. Dies können Kindheitserlebnisse, medizinische Eingriffe, Geburt, Unfall oder Naturkatastrophen, Gewalt, Mobbing oder Verbrechen sein. Es hilft zu wissen, wie Traumata auf Gehirn und Nervensystem wirken, damit wir uns selbst und andere besser verstehen und mitfühlend reagieren können. Mir gefällt Levines Forderung, den Begriff posttraumatische Belastungsstörung in posttraumatische Belastungsverletzung umzubenennen, denn niemand ist an ihr schuld, sie ist eine normale (wenn auch unterbrochene) Reaktion auf eine extreme Erfahrung, aus der wir eine Verletzung davontragen, eine Wunde, die heilen kann.

Dies sind einige Anzeichen für ein Trauma:

» **Wut, Gereiztheit, Stimmungsschwankungen, Abwehrhaltung.**

» **Schock, Verweigerung und Zweifel.**

» Emotionale Betäubung, das Gefühl, innerlich tot zu sein.

» Probleme mit Empathie und engen Beziehungen, grundsätzliches Misstrauen gegen sich selbst und andere.

» Schuld, Scham für etwas, was man getan oder versäumt hat, Selbstbezichtigung.

» Angst und Furcht.

» Veränderte Wahrnehmung des jetzigen Augenblicks, Flashbacks, ständig neu durchlebte Erinnerungen, Albträume. Erinnerungen an frühere Traumata können denselben Effekt auf das Gehirn haben wie ein aktuelles traumatisches Ereignis.

» Nach einem Trauma nimmt man die Welt mit einem veränderten Nervensystem wahr, man steckt im Überlebensmodus fest. Unverarbeitete Traumata führen oft zu übertriebenen Reaktionen. Das innere Alarmsystem sendet auch dann noch Signale aus, wenn die Gefahr längst vorbei ist. Das führt zu extremer Wachsamkeit oder Abgestumpftheit. Rationales Denken kann helfen zu verstehen, warum wir uns so fühlen, aber es kann diese Gefühle nicht aufhalten.

» Das Gefühl, ohne Hoffnung oder Zukunft zu sein.

Wie entsteht ein Trauma?

Wenn wir uns bedroht fühlen, reagieren wir in fünf Stufen. Dabei setzen Überlebensstrategien ein, die biologisch in uns angelegt sind und für die wir uns nicht bewusst entscheiden. Mit jeder Stufe kommen Funktionsebenen aus

Das ist Selbstfürsorge

einem Frühstadium zum Einsatz; die höher entwickelten Hirnfunktionen werden unterdrückt. Interessanterweise durchlaufen wir bei der Heilung dieselben Stufen in umgekehrter Reihenfolge. Bei einer Bedrohung erfolgen die Reaktionen in dieser Reihenfolge:[8]

» WACHSAMKEIT – Wir halten inne und suchen die Umgebung nach der Gefahr ab. Auf dieser Stufe verlassen wir uns auf das sogenannte Soziale-Engagement-System und rufen nach Hilfe oder suchen Unterstützung. Diese Stufe wird vom ventral-parasympathischen Zweig des Vagusnervs gesteuert. In diesem Zustand können wir ruhig, präsent und mitfühlend sein.
Wenn keine Hilfe kommt, ergreifen wir die ...

» FLUCHT – Wir versuchen, der Gefahr zu entkommen. Das sympathische Nervensystem übernimmt. Dieser Zustand ist von Ruhelosigkeit, Beklommenheit und Angst bestimmt. Je mehr man sich der Flucht zuwendet, desto weniger wird der präfrontale Cortex genutzt, und das ältere, limbische System übernimmt. Dann ist es schwieriger, ruhig und empathisch zu sein.
Wenn Flucht nicht möglich ist, stellen wir uns ein auf ...

» KAMPF – Wir bereiten uns auf unsere Verteidigung vor, was auch vom sympathischen Nervensystem gelenkt wird. Wir sind gereizt, wütend und zornig. Dabei setzen wie bei der Flucht unsere kortikalen Funktionen aus.
Wenn ein Kampf nicht infrage kommt, gehen wir über zum ...

» ERSTARREN – Gut möglich, dass wir nicht gesehen werden, wenn wir uns ganz still verhalten. Raubtiere fressen lieber Beute, die sich bewegt. Wir verbrauchen so wenig

Energie wie möglich, um gegebenenfalls noch Kraft für Kampf oder Flucht zu haben. Dieser Zustand wird vom primitiven dorsalen Zweig des Vagusnervs übernommen. Wenn das Erstarren als Reaktion uns nicht ausreichend schützt, folgt der ...

» KOLLAPS – Wir brechen zusammen und gehen in einen physiologischen Zustand der Betäubung über, in dem Schmerz und Schrecken dank natürlicher Schmerzmittel und Dissoziation erträglich werden. Auch hier ist der dorsale Zweig des Vagusnervs im Spiel. Dies ist das letzte Stadium des Selbsterhalts.

Ein Trauma entsteht, wenn wir zutiefst verängstigt sind, uns dabei nicht bewegen können oder uns gefangen fühlen. Diese vollständige Bewegungsunfähigkeit in Verbindung mit Angst führt zu einem Trauma. Gibt es angesichts einer übermächtigen Bedrohung keine Fluchtmöglichkeit, schaltet der Körper ab. Wenn ein Lebewesen das überlebt, ist dieser Zustand eigentlich zeitlich begrenzt, doch manchmal bleiben Menschen darin stecken. Sie erstarren oder sind übertrieben wachsam, wo ein nicht traumatisierter Mensch vielleicht nur eine vage Gefahr oder Aufregung empfindet. Konnten wir einer bedrohlichen Situation durch Flucht oder Kampf entkommen, haben wir uns aktiv aus ihr befreit und dabei die Energie zum Überlegen aufgebraucht, die Bedrohungen in uns auslösen. Um die vorhandene, ungenutzte Energie zu entladen und das Nervensystem neu zu starten, müssen Bewegungen ausgeführt werden. Das lässt sich mit Schütteln oder Zittern gut erreichen. Tiere tun das instinktiv, aber uns Menschen hindert unser logisches Denken an dieser primitiven Reaktion.

Werden die Überlebensstrategien unterdrückt, bleiben sie im Körper eingeschrieben, und unsere Organe und Muskeln glauben, ständig auf eine Gefahr reagieren zu müssen. Wir bleiben in der Stressreaktion gefangen. Wir sind dauernd wachsam, angespannt, nervös, auf dem Sprung, weil unser Körper dem Gehirn Gefahr signalisiert. Das ist ganz schön anstrengend. Wenn wir lang in diesem Zustand bleiben, kann das zu Lethargie, chronischer Müdigkeit, Depression, Reizdarmsyndrom, Migräne, Fibromyalgie und anderen Symptomen führen. Es ist durchaus möglich, dass viele moderne Erkrankungen ihren Ursprung in einem Trauma haben.

Es ist wichtig zu wissen, dass diese fünf Reaktionen wertvolle biologische Überlebensmechanismen sind. Wir suchen uns nicht aus, wie wir reagieren. Wenn man das weiß, braucht man keine Schuldgefühle, Scham oder Selbstvorwürfe zu haben, weil man sich nicht gewehrt hat. Es ist auch keine Schwäche oder Feigheit. Wer einmal traumatisiert ist und daher zu viel oder zu wenig Wachsamkeit an den Tag legt, hat auch das nicht unter Kontrolle. Es ist ein Reflex. Werfen Sie niemandem vor, dass er übersensibel auf etwas reagiert, was er als Gefahr wahrnimmt, oder erstarrt und es nicht schafft, eine Gefahr abzuwehren. Beschuldigungen oder Vorhaltungen sind unangebracht und jemanden in diesem Zustand anzuschreien, vertieft das Trauma nur noch mehr. Stephen Porges definiert Trauma sehr deutlich: „Es ist eine chronische Unterbrechung des Verbundenseins."[9] Bessel van der Kolk fasst es für uns zusammen: Um ein Trauma aufzulösen, muss man „wissen, was man weiß, und fühlen, was man fühlt",[10] die Wahrheit sagen, selbst wenn sie schmerzt, und die schwierige Aufgabe lösen, sich wieder sicher zu fühlen. Das ist nicht einfach und muss vorsichtig und unter fachlicher Anleitung eines erfahrenen Therapeuten geschehen.

Yoga & seine therapeutischen Eigenschaften

Wenn Sie durch dieses Buch blättern, finden Sie viele Yogahaltungen. Auch wenn Sie noch nie Yoga gemacht haben, sich nicht dafür interessieren oder glauben, das sei nichts für Sie, lassen Sie sich bitte darauf ein. Wenn „Yoga" Sie nicht anspricht, denken Sie einfach an Gymnastik oder Stretching, um den Körper zu stärken und Spannungen zu lösen. Die Übungen helfen Ihnen, die Beziehung zu Ihrem Körper zu vertiefen und ihn neu kennenzulernen, denn nur mit dem Kopf kann man sich in schweren Zeiten kaum durchschlagen. Sie müssen sich in Ihrem Körper zu Hause fühlen, um zu heilen.

Wie können Sie lernen, sich zu entspannen und loszulassen, zu fühlen, was sie fühlen, und Ihr eigener sicherer Hafen zu sein? Alles, was Sie dafür brauchen, steckt in Ihrem Körper. Es nützt nichts, verkopft an solche Dinge heranzugehen. Es sind Empfindungen, die in Nervensystem, Zellen und Muskelfasern verankert sind, in unserer Haltung, der Freiheit unseres Körpers, sich zu bewegen und aufrecht zu halten. Bei der Überwindung von Krisen müssen Denken, Atmung, Körper, Bewegung und Berührung einbezogen sein. Yoga ist dafür das perfekte Mittel.

Dabei meine ich nicht Yoga in einem Kurs auf der Matte, vielmehr spreche ich von einfachen Übungen, die man auf dem Sofa, im Bett, auf dem Fußboden, in der Küche oder am Schreibtisch machen kann. Oft ist das nur eine Übung, manchmal ergeben mehrere einen Ablauf, wenn Sie das als angenehm empfinden. Dieses Buch enthält Übungen für jedes Alter und jede Stufe der Gelenkigkeit und Fitness, sodass Sie sanft angeleitet werden. Dabei sind die sanftesten Übungen in den Kapiteln über Stress und Verlust zu finden, die anstrengenderen im Kapitel über Veränderungen. Am Anfang stehen Übungen, die mit einem Minimum an Aufwand, Energie und Können zu bewältigen sind. Dann steigern sie sich etwas. Gehen Sie so vor, wie es Ihnen passend erscheint, und berücksichtigen Sie dabei, wie es Ihnen an dem jeweiligen Tag geht. Jeder Tag ist anders.

WARUM HILFT YOGA?

Ich möchte gern meine Situation mit Ihnen teilen. Meine instinktive Reaktion auf die Motoneuronerkrankung meines Vaters war so: Meine Kehle schnürte sich zu, ein Knoten blockierte sie. Ich stellte mir vor, dass dort alles steckte, was ich nicht sagen konnte. Ich wünschte, sein Leiden, unser Leiden wäre vorbei, aber das konnte ich nicht sagen, denn es war ja klar, was das in letzter Konsequenz hieß. Mein emotionaler Schmerz belastete meinen Brustkorb so sehr, dass ich nicht mehr vollständig atmen konnte. Wenn ich still saß und versuchte, tiefer einzuatmen, regte mich das nur noch mehr auf, denn die Luft ging nirgendwo hin. Der Atem war blockiert, ich war blockiert. Die Lösung war, meinen Körper mit meiner Atmung zu bewegen. Dann wurde es leichter und die Blockade löste sich. Ich konnte wieder den Raum zwischen meinen Rippen spüren, die Freiheit meines Atems. Das Mantra dazu ist: „Wenn ich besser atme, fühle ich mich besser."

Sanfte Yogabewegungen halfen mir, wieder tiefer atmen zu können, und das hat nicht nur mein Körpergefühl verändert, sondern auch, wie ich mich durchs Leben bewege.

Vielleicht haben Sie schon mal Yoga gemacht und gespürt, wie Emotionen durch Ihren Körper fließen. Ich erinnere mich, dass ich bei einer meiner frühen Yogaerfahrungen plötzlich weinte. Ich war verwirrt, aber meine Yogalehrerin half mir, diese Reaktion als Geschenk zu betrachten. So etwas ist ganz normal und sogar wünschenswert, aber vielleicht müssen wir uns einem Gefühl der Sicherheit in kleinen Schritten nähern. Das ganze Buch hindurch gehen wir gemeinsam in kleinen Schritten voran. Yoga hilft uns, nicht nur körperliche Spannungen zu lösen, sondern auch ohne größere Anstrengungen Emotionen loszulassen. Wenn Sie bereit sind, können Sie eine wortlose Befreiung, ein tiefes Loslassen erfahren. Zu lernen, wie man sich in eine Yogahaltung sinken lässt, mit einer schwierigen Empfindung Frieden schließt und einfach dasitzt, hat mir den Umgang mit meinem Verlust erleichtert. Fließendes Yoga, sich mit dem Atem bewegen, hat mir durch meine Trauer geholfen und hilft mir auch noch fast zehn Jahre später durch so manche Schwierigkeit.

Um ganz ehrlich zu sein, befand ich mich zu Beginn meiner Mutterschaft an meinem energetischen Tiefpunkt. Schlaf, Ruhe und Stille, das war es, wonach mein Körper und Geist schrien, und das gab ich ihnen. (In den Wochen davor schaute ich tagsüber TV-Serien, und wenn man vorher nicht schon deprimiert war, ist man es spätestens dann! Ich hatte Glück, dass meine Therapeutin mich fragte: „Wie tun Sie sich normalerweise etwas Gutes?" Yoga war immer mein Lebenselixier, aber jetzt nahm es eine ganz andere Form an. Die Lektion, die ich lernen musste, war, meine Freizeit achtsam zu verbringen.)

Mit dem Babyfon neben mir stützte ich mich mit Polstern, Kissen und Decken ab und begab mich in eine erholsame Yogahaltung. Ich wusste, dass es meinem Kind gutging, und konnte loslassen und mich ausruhen. Anders als bei

einem Mittagsschlaf hatte ich nicht das Gefühl, einschlafen zu müssen. Sollte ich einnicken, war das ein Bonus. Es war egal, ob mein Engel schon nach den ersten Minuten wieder aufwachte, denn selbst dann wusste ich, dass ich mir etwas Gutes getan hatte. So schlief ich monatelang auf meiner Yogamatte, bis meine Energie zurückkam und ich fand, ich könne mich wieder bewegen.

Am Anfang war Yoga mein Weg, um meine Batterien aufzuladen, dann hat es mich im wahrsten Sinn des Wortes wieder auf die Beine gebracht. Der nächste Schritt war, die Verbindung zu Körper und Atem auszubauen, die Füße fest auf dem Boden, die Kraft von Beinen, Rücken und Körpermitte zu spüren, wieder aufrecht zu stehen und meine persönliche Stärke zu fühlen. So konnte ich meine Übungen im Stand wieder aufnehmen. Da wusste ich, dass ich mich wieder um mich kümmern, mutig sein und neue Ziele im Leben ansteuern konnte.

Es gibt viele Studien über die Auswirkungen von Bewegung und Haltung auf die geistige Verfassung. Die antidepressive Wirkung von Sport ist gut dokumentiert[11] und das Mantra heißt: „Bewege dich für deine mentale Gesundheit, bewege dich für deine Stimmung, bewege dich für deinen Humor." Jede Art von Bewegung ist gut, es muss nicht Yoga, Sport, Fitnessstudio oder Konditionstraining sein. Ein Spaziergang, Staubsaugen, Gartenarbeit oder Disco in der Küche tun es ebenso. Sehen Sie sich Amy Cuddys TED-Vortrag über „Power Poses" und den Zusammenhang zwischen Körperhaltung und Stimmung an. Auch der Psychologe Erik Peper fand heraus, dass der runde Rücken, den wir haben, wenn wir uns vom Leben geschlagen fühlen oder Stunden an Rechner und Telefon verbringen (beachten Sie die Ähnlichkeit), unsere Stimmung und unser Energieniveau verschlechtert. In dieser Körperhaltung erinnert man sich leicht an Negatives[12] und kann schneller zum Weinen gebracht werden. Peper zeigt auch, dass wir in dieser Körperhaltung unseren Kopf schlechter bewegen können, was, so seine Vermutung, zu mehr Ängstlichkeit und einem Gefühl der Bedrohung führt, weil man sich verletzlicher fühlt.[13] Im Gegensatz dazu fühlen wir uns sicher, optimistisch und energiegeladen, wenn wir aufrecht stehen und den Brustkorb weiten, sodass wir einen guten Überblick haben.[14] Versuchen Sie es: Richten Sie sich auf und atmen Sie tief durch – schon werden Sie sich leichter und besser fühlen.

TEIL EINS

Stress & Burn-out

Das moderne Leben ist schon ohne Überraschungen und Krisen wie Krankheit, Konflikte und Probleme bei der Arbeit schnell und gnadenlos. Der Satz unserer Zeit ist: „Ich habe nicht genug Zeit." Fragen Sie, wie es jemandem geht, und die Antwort enthält mit ziemlicher Sicherheit die Worte „viel zu tun". Der Achtstundentag ist zum Relikt vergangener Zeiten und die Nebenbeschäftigung zur Norm geworden. Stress ist eine moderne Epidemie. Für die meisten von uns ist das eher ein Fall von Rushing-Man- bzw. Rushing-Woman-Syndrom[15], doch am anderen Ende des Spektrums stehen akute Stressreaktionen, posttraumatische Belastungsstörung und Burn-out.

WARUM SIND WIR SO GESTRESST?

Werfen wir einen Blick auf das moderne Leben und Stress. Nicht alles ist schlecht – im nächsten Abschnitt geht es um die Ursachen und Anzeichen von Stress, aber auch um Gegenmittel. Nehmen Sie sich vor, diese stressenden Faktoren zu minimieren und sich Strategien zuzulegen, die als Puffer dienen können.

Vom Aufwachen bis zum Schlafengehen begleitet uns eine wahre Kakofonie – der Wecker, der SMS-Ton, der Mitteilungen aus der Schule, von der Arbeit, Familie und Freunden ankündigt, Geräte, die piepen, bis man sie abstellt, Rasenmäher, Autos, Hintergrundmusik, Musik, die andere hören, Unterhaltungen. Selbst unsere kostbare Freizeit ist von Medien und noch mehr Geräuschen bestimmt.

Doch nicht nur die Sinne werden überfordert, auch Informationen und Entscheidungen fordern uns. Wir können quasi auf Knopfdruck Experten für alles Mögliche werden, aber ob unsere Quellen verlässlich sind, wissen wir nicht. Ein schneller Gang durch den Supermarkt oder eine Onlinerecherche zeigt uns, warum die schiere Menge der Auswahlmöglichkeiten lähmend wirken kann.

Nehmen Sie in der Rushhour den Bus oder die Bahn und Sie verstehen, warum sich Pendler an Körper und Seele bedrängt fühlen. Putzen Sie sich die Nase, nachdem Sie eine Großstadt besucht haben, und Sie sehen den Schmutz direkt vor sich.

Ob wir wollen oder nicht, wir werden ständig belagert von Reklame, Product-Placement, Paid Partnerships und Werbung – in meinem Heimatland Australien sogar am Himmel, wo Kondensstreifen und Banner hinter Flugzeugen Werbung machen. Das alles lässt zahllose falsche Bedürfnisse entstehen und fördert die unsinnige Ansicht, dass wir so, wie wir sind, nicht ausreichen. Daraus entsteht der unerfüllbare Wunsch, mehr zu haben, mehr zu tun und mehr zu sein. Wenn sich der Chef eines führenden Pharmaunternehmens hinstellen und sagen kann, dass es sein wichtigstes Ziel ist, die Aktionäre glücklich zu machen, und nicht, die Menschen gesund werden zu lassen[16], dann wissen Sie, dass die Gesellschaft, in der wir leben, Probleme hat. Doch eins nach dem anderen. In diesen schwierigen Zeiten ist es erst einmal wichtig, dass Sie sich vor dieser Bombardierung schützen und das künstlich erzeugte Gefühl von Mangel durchschauen. Sie sind genug und kein schillernder Gegenstand kann Ihr Glück oder Ihren Wert als Mensch vergrößern.

Nie zuvor waren wir so vernetzt und „on". Zugleich waren wir noch nie so weit voneinander entfernt. Die sozialen Medien haben die Welt kleiner gemacht, weil wir überall auf der Welt miteinander in Kontakt bleiben können. Aber als Gesellschaft erleben wir eine enorme Zersplitterung und Isolation. Die sozialen Medien verleiten dazu, sich ständig mit anderen zu vergleichen, was ein Gefühl von Unzulänglichkeit in uns hinterlässt. Manche werden in dieser gesichtslosen Art der Kommunikation sogar gemobbt, Einsamkeit ist weitverbreitet. Über die Last unseres wahren Lebens hinaus müssen wir uns um ein Onlineleben kümmern und Algorithmen füttern. Die allgegenwärtige Technik hindert uns daran, manchmal auch einfach „nichts" zu tun. Selbst auf dem Arbeitsweg oder wenn wir auf Freunde warten, kleben wir an Bildschirmen. Haben Sie gerade Zeit? Dann können Sie schnell noch aufs Handy schauen.

Als Gesellschaft verlieren wir die Fähigkeit, einfach nur zu „sein". Wir sind süchtig nach Stimulation und Aktivität. Wir müssen immer „produktiv" sein. Nichtstun ist scheinbare Zeitverschwendung, Phrasen wie „FOMO" („Fear of Missing Out", die Angst, etwas zu verpassen), „Ich schlafe, wenn ich tot bin" und „Wer schläft, verliert" sind Belege für die Glorifizierung des Beschäftigtseins. Mit wenig Schlaf auszukommen, wird wie eine Errungenschaft betrachtet. Jedes Mal, wenn jemand sagt, dass Richard Branson nur vier Stunden Schlaf braucht, könnte ich schreien. Erwachsene Menschen brauchen jede Nacht sieben bis neun Stunden Schlaf, wenn sie funktionieren und klar denken wollen. (Wenn Sie weniger schlafen, gebe ich Ihnen Tipps zum Ausgleichen.)

Die Sache ist die: So viel Schlaf zu bekommen, wie man braucht, hat nichts damit zu tun, dass man sich verhätschelt, vor allem, wenn man nicht immer gut schläft. Sich Zeit zur Erholung zu nehmen, ist weder in schwierigen Phasen selbstsüchtig noch in Erholungszeiten oder wenn man sich aktiv darauf vorbereitet, auch in Zukunft nicht von Problemen überrollt zu werden. Wir finden niemanden toll, der mit nur ein paar Gläsern Wasser über den Tag kommt. Warum sollte das beim Schlaf anders sein?

Alle Bereiche des Lebens wollen etwas von uns – unser Umfeld, unsere Arbeit, das Familienleben und das Leben

in politisch unsicheren Zeiten. Diese Sorgen sind echt und die mentalen und emotionalen Belastungen riesig. Viele von uns fühlen den übermächtigen Druck, voranzukommen oder einfach nur mitzuhalten. Die meisten Eltern erleben finanzielle Verpflichtungen und die Verantwortung für die Kinder zumindest teilweise als Last. Oft übernehmen Großeltern einen Teil davon. Jeder macht alles. Unsere Kinder empfinden schon ganz jung denselben Wettbewerb und Druck. Sie haben Termine vor und nach der Schule, Nachhilfe, Sport, Musikstunden, Klassenarbeiten, die gut benotet sein müssen, und sie kämpfen für eine brillante Karriere und Instagram-Erfolg.

Es ist also kein Wunder, wenn Sie erschöpft sind, oder? Lassen Sie Schuld und Vorwürfe hinter sich. Das Leben ist, wie es ist, aber wir können es anders angehen. Es ist in Ordnung, mal auszuruhen. Wir können alle lernen, es wieder langsam anzugehen, und die Fähigkeit zu entspannen zurückgewinnen. Wir dürfen schlafen, ausruhen, uns dem Augenblick hingeben. Der Tag hat nie mehr als 24 Stunden, wir müssen nur richtig damit umgehen. Technik und soziale Medien haben unser Leben revolutioniert. Wir können sie zu unserem Vorteil einspannen, sie achtsam nutzen und daran denken, mal Pause zu machen und uns wieder aufzuladen – etwas, was wir mit unseren Geräten schließlich ganz gewissenhaft tun. Und wenn das erforderlich ist, um durch den anstrengenden Alltag zu kommen, dann brauchen wir erst recht eine enorme Portion Liebe und müssen liebevoll mit uns umgehen, wenn wir mitten in einer Krise stecken.

Wir können es uns nicht leisten, Stress einfach so hinzunehmen. Er hat schwerwiegende Auswirkungen auf Gesundheit, Wohlbefinden, Beziehungen, Arbeitsleistung und Lebensgenuss. Stress wird mit einer Vielzahl von psychischen, emotionalen und körperlichen Erkrankungen in Verbindung gebracht, darunter Depressionen, Angststörungen, Brustschmerzen, Herzinfarkte, hoher Blutdruck, Schlaganfälle, Übergewicht, Kopfschmerzen, Magen- und Hautprobleme sowie Schlaflosigkeit.

ABER nicht alles daran ist schlecht! Es hilft, sich klarzumachen, dass Stress nicht nur negativ ist. Stress von der richtigen Sorte und in der richtigen Menge fördert Entwicklung und Engagement im Leben. Ohne Stress würden wir uns

Stress & Burn-out

sehr schnell langweilen. Stress fordert uns heraus, und was wir aus solchen Erfahrungen lernen, stärkt nicht nur unsere Widerstandsfähigkeit. Wir erkennen auch unsere Stärken und unser Leben erhält mehr Sinn. Sehen Sie sich all die Menschen an, die aus ihrem Herzschmerz Kraft gewonnen und unglaubliche Veränderungen bewirkt haben.

Forscher unterscheiden zwischen negativem Stress, Dysstress, etwa beim Beenden einer Beziehung, und positivem Stress, Eustress, zum Beispiel bei einer Beförderung.[17] Nachdem wir bisher betrachtet haben, wie Stress uns einschränkt, sehen wir uns nun seine Vorteile an.

Stress ist nicht unvermeidbar und er kann der fruchtbare Boden zur Weiterentwicklung sein. Tatsächlich kann unsere Einstellung zu Stress ausschlaggebend dafür sein, ob er uns guttut oder nicht, was von der Forschung belegt ist.[18] Psychologen haben dafür den Begriff „Stress Mindset" oder „Stressmentalität" geprägt.[19] Menschen, die meinen, dass Stress die Konzentration schärft, die Motivation fördert und sie etwas lernen lässt, haben eine positive Stressmentalität. Wer im Gegenteil Stress als schlecht, lähmend oder unangenehm empfindet, hat eine negative Stressmentalität. Die Forschung zeigt, dass unsere Einstellung zu Stress beeinflusst, wie er auf uns wirkt. Wer seine Haltung zu Stress ändern kann, kann sich wahrscheinlich vor dessen negativen Folgen schützen. Kelly McGonigal formuliert es so: „Während übermäßiger Stress belastend ist, sind genau die Dinge, die ihn verursachen, oft die, die für ein erfülltes und lebenswertes Leben sorgen."[20] Ihr TED-Vortrag „How to make stress your friend" (Wie Sie Stress zu Ihrem Freund machen) ist sehr lohnenswert.[21] Denken Sie darüber nach!

Die guten Seiten von Stress

- Stress kann motivieren, Leistung und Effizienz steigern und helfen, tägliche Herausforderungen zu meistern.

- Kurzzeitiger Stress fördert die Hirntätigkeit, wovon Gedächtnis, Konzentration und kognitive Funktionen profitieren.[22]

- Kurzzeitiger Stress kann das Immunsystem stärken.[23]

- Stress kann die Widerstandskraft verbessern.[24] Sogar Krisen können zu einer positiven Entwicklung führen, wie beim posttraumatischen Wachstum.

- Stress, der sich bewältigen lässt, kann als Antioxidans wirken. Das verlangsamt die Alterung und verhindert einige Krankheiten.[25]

- Stress kann Beziehungen vertiefen.[26] Wenn wir Stress als gemeinsames Erlebnis betrachten, kann das unser Verbundenheitsgefühl stärken. Wenn sich Partner in kritischen Zeiten aufeinander verlassen, vertieft das ihre Beziehung.

- Denken Sie daran, dass Stress überlebenswichtig ist – er ist das Warnsystem, das die Kampf-oder-Flucht-Reaktion auslöst und uns motiviert, aktiv für unsere Sicherheit zu sorgen.

WAS IST STRESS EIGENTLICH?

Am einfachsten könnte man sagen, Stress ist die Antwort unseres Körpers auf eine Herausforderung. Die Auslöser sind für jeden Menschen unterschiedlich, aber allgemein gehört dazu, etwas Neuem oder Unerwartetem zu begegnen, alles, was die Sicherheit bedroht, das Gefühl fehlender Kontrolle oder der Eindruck, einer Herausforderung nicht gewachsen zu sein. Wenn wir einem Stressor begegnen (ursprünglich war Stress für die Begegnung mit einem Säbelzahntiger gedacht, heute kann ein Blick auf die Inbox aber ähnliche Stresshormonkaskaden auslösen), wird die Kampf-oder-Flucht-Reaktion aktiviert, die uns hilft, auf eine Gefahr zu reagieren. Wie wir schon auf Seite 54 besprochen haben, kann es sehr erschöpfend sein, wenn die Stressreaktion immer wieder ausgelöst wird oder der Stress überhandnimmt und chronisch wird. Dann bleiben wir in einem Zustand höchster Wachsamkeit stecken.

Woran erkennen wir, dass wir „gestresst" sind? Wie fühlt sich das an?

Stress zeigt sich auf unterschiedlichste Weise und kann sich mit der Zeit verändern. Die Symptome oder Warnsignale sind individuell. Es hilft, herauszufinden, wie sich Stress in Ihnen zeigt, damit Sie schnell erholsame Maßnahmen ergreifen können.

» Wir erleben Stress als körperlichen Schmerz oder Verspannung, erhöhten Puls, verschwitzte Hände, Schwindel oder Schwäche, Nervosität und Unruhe oder als Lethargie und Schwere.

» Stress kann das Immunsystem beeinträchtigen und schwächen; Krankheiten gehen dann nur langsam wieder weg oder werden gleich vom nächsten Leiden abgelöst.

» Es ist ein Bauchgefühl – der Magen ist aufgebläht und nervös, die Verdauung ist gestört.

» Es zeigt sich in unserem Denken und unserer Stimmung. Wir sind gereizt, negativ eingestellt, wir sorgen uns und zerbrechen uns den Kopf, fühlen uns überfordert, können uns nicht konzentrieren und kommen nicht zur Ruhe, wir sind vergesslich.

» Das Energieniveau kann beeinträchtigt sein, was sich in Müdigkeit und dem Verlust der Libido zeigt.

» Wir schlafen schlecht – Stress lässt uns auch dann nicht einschlafen oder wieder einschlafen, wenn wir müde sind. Wir wachen zu früh wieder auf.

WAS IST EIN BURN-OUT & WORIN UNTERSCHEIDET ER SICH VON STRESS?

Stress und Burn-out[27] ähneln sich und es ist schwer zu sagen, wo Stress endet und ein Burn-out beginnt. Stress steht am Anfang eines Burn-outs. Wenn er zu groß ist und lang dauert, kann er zu einem Burn-out führen, zu dem dann emotionale, mentale und körperliche Erschöpfung, ein Gefühl totaler Überforderung und die Unfähigkeit, die Lage zu ändern, gehören. Es gibt keinen Burn-out ohne Stress, aber man kann gestresst sein, ohne einen Burn-out zu erleiden.

Man spricht von Stress, wenn zu viel auf einmal passiert, doch gestresste Menschen können sich vorstellen, dass alles besser wird, sobald die anstehenden Probleme gelöst sind. Beim Burn-out ist einfach nicht mehr genug Kraft da, um Probleme zu bewältigen. Man fühlt sich ausgelaugt, leer und will nichts mehr. In diesem Zustand erscheinen Probleme unüberwindlich und man kann sich zu nichts aufraffen. Das führt zu einem wachsenden Gefühl von Hilflosigkeit und Hoffnungslosigkeit, so, als habe man nichts mehr zu geben. Aus meiner eigenen Erfahrung nenne ich das „energetischen Bankrott". Meine Nerven waren am Ende, ich fühlte mich, als hätte mich ein Güterzug überrollt. Das Beunruhigende dabei ist, dass den Menschen durchaus klar sein kann, dass sie gestresst sind. Der Übergang in den Burn-out bleibt aber oft zunächst unbemerkt. Die große Gefahr liegt darin, dass der Stress zur Normalität wird. Wir müssen auf die frühen Warnzeichen wie Schlafstörungen, ständige Müdigkeit, Konzentrationsschwierigkeiten oder unerklärliche Schmerzen sowie einen vermehrten Zugriff auf Ersatzbefriedigungen wie Alkohol, Zucker oder Koffein achten.

STRESS

Hilfe! Ich brauche einen Tag mehr in der Woche!

Überengagiert oder zu viel Mühe

Reaktive oder überreaktive Gefühle

Gefühl der Dringlichkeit oder Hyperaktivität

Schwindende Energie

Kann zu innerer Unruhe führen

Wirkt sich vor allem körperlich aus

BURN-OUT

Haltet die Welt an, ich will aussteigen!

Desinteressiert

Emotional distanziert

Gefühl von Hilflosigkeit und Hoffnungslosigkeit

Verlust der Motivation oder Hoffnung

Kann zu Depressionen führen

Wirkt sich vor allem emotional aus

Stress & Burn-out

Was verursacht einen Burn-out?

Traditionell wurde Burn-out nur im Zusammenhang mit der Arbeit betrachtet, aber jeder kann einen Burn-out erleiden, ob die Ursache im Job oder bei anderen Anforderungen und Verantwortlichkeiten liegt, wie sie zum Beispiel Eltern, Pflegenden oder Sportlern begegnen.

Wie die Arbeit (oder das Zuhause) zum Burn-out führen kann

» Gefühl mangelnder Kontrolle: fehlende Ressourcen für effektives Arbeiten oder fehlender Einfluss auf Entscheidungen, die Sie betreffen

» Mangelnde Wertschätzung, Anerkennung und Belohnung für gute Arbeit

» Unklare, unvernünftige oder unrealistische Erwartungen an den Job

» Monotone, mühselige oder anspruchslose Arbeiten

» Arbeit, die nichts mit Ihren Stärken und Interessen zu tun hat

» Arbeit unter hohem Druck in einer dysfunktionalen, vergifteten oder chaotischen Atmosphäre

» Konflikt zwischen unternehmerischen und persönlichen Werten

Wie der Lebensstil zum Burn-out führen kann

» Schlechte Work-Life-Balance

» Fehlende soziale Unterstützung

» Helfersyndrom, zu viele Aufgaben übernehmen

» Schlechte Schlaf- und Essgewohnheiten und zu viel oder zu wenig Bewegung

» Im Fall von „Sport-Burn-out" gibt es zwei Hauptgründe: zu viel Training und zu kurze Erholungsphasen. Nicht nur Sportler, jeder kann es übertreiben.

Charakterzüge, die einen Burn-out begünstigen

» Perfektionismus

» Pessimismus

» Ehrgeiz und hohe Zielsetzungen

» Übertriebener Wunsch, die Kontrolle zu behalten, Schwierigkeiten, zu delegieren oder um Hilfe zu bitten

Kulturelle Gründe

» Stete Botschaften, die zum Konsum ermutigen

» Glorifizierung von Geschäftigkeit und Produktivität

» Priorisierung von Profitdenken

Wie fühlt man sich mit einem Burn-out?

Körperliche Anzeichen – Müdigkeit, selbst wenn Sie lang genug geschlafen haben, Geräuschempfindlichkeit, häufig Kopfschmerzen, Herzrasen, Kurzatmigkeit, Muskelschmerzen und Verspannungen, große Schwierigkeiten, sich zu entspannen, geschwächtes Immunsystem und häufige Erkrankungen, Verdauungsprobleme, veränderter Appetit, Übelkeit, Schlaflosigkeit.

Emotionale Anzeichen – das Gefühl, zu versagen, unterlegen zu sein, nicht dazuzugehören und einsam zu sein, weinerlich, antriebslos, gereizt, wütend, zynisch und apathisch, gedämpfte oder verringerte Freude und Befriedigung; das Gefühl, man sei nicht man selbst.

Mentale Anzeichen – Unentschlossenheit, Konzentrations- und Gedächtnisschwäche, man kann nicht abschalten, fühlt sich wie unter Strom, vernebelt und überfordert; Angstgefühle, Depression und Paranoia.

Mit dem Maslach Burn-out Inventory[28] lässt sich der Grad eines Burn-outs messen. So können Sie ermitteln, wie es um Sie steht. Bitten Sie auch Ihren Arzt um Hilfe.

Was sollte in Zeiten von Stress und Burn-out an erster Stelle stehen? Wie werden wir gesund? Wie schützen wir uns in Zukunft vor Stress? Sehen Sie sich das Vitalitätsrad auf Seite 70 an. Dort sind Lebensstile und Gewohnheiten aufgeführt, die ich im Verlauf des Buchs beschreibe.

Bewältigungsstrategien bei Stress und Burn-out

Achtsamkeit – die Fähigkeit, wahrzunehmen, was in Ihnen vor sich geht, Warnzeichen zu erkennen, zu sehen, was um Sie herum geschieht, und die Reaktionen darauf im Griff zu haben; die Fähigkeit, in sich zu blicken und schnell erholsame Maßnahmen zu ergreifen.

Einklang mit dem Körper – spüren, wie es dem Körper geht, eine Sprache für Empfindungen schaffen, die Botschaften des Körpers hören und einen liebevollen Umgang mit dem Körper kultivieren.

Entspannen können – den Unterschied zwischen An- und Entspannung erkennen und körperliche Anspannung bewusst lösen können.

Energiemanagement – die Fähigkeit, den eigenen Energielevel zu beurteilen, neue Kraft zu schöpfen und die Stimmung zu verbessern.

Atmen – die Fähigkeit zurückgewinnen, natürlich und ausgiebig zu atmen, um wieder bei sich und im eigenen sicheren Hafen zu sein.

MITTEL GEGEN STRESS UND BURN-OUT – DAS KANN ICH TUN

SCHLAF, RUHE, ENTSPANNUNG & ATEM – Das sollten Ihre Prioritäten sein, deren Wert Sie schätzen. Stellen Sie sich erholsame Praktiken zusammen und genießen Sie es, einmal ohne Impulse von außen zu sein. Verstehen Sie genauer, wann Sie etwas durchsetzen sollten und wann nicht.

WERTE & INTENTIONEN – Was ist Ihnen am wichtigsten? Gründe für Stress und Burn-out verstehen.

ZIELE – Es geht darum, sich zu beruhigen, zu entspannen, zu erholen und zu erfrischen. Weniger Ehrgeiz!

STIMMUNGSBOOSTER – Dankbarkeit, Freundlichkeit, sich selbst beruhigen können, zeit- und energieeffiziente Stimmungsmacher wie Gerüche und Farben.

BEWEGUNG & ERNÄHRUNG – Sanfte und erholsame Bewegung für die mentale Gesundheit statt Ausdauersport. Heben Sie Ihre Stimmung, indem Sie sich gegen Stress und Burn-out gut ernähren und einfache Strategien wie Organisation und Planung einsetzen.

BEWÄLTIGUNGSSTRATEGIEN – Stressmentalität, Wachstumsdenken, die Grenzen der Kontrolle kennen, gesunder Umgang mit Technik.

KÖRPER & UMGEBUNG – Gehen Sie nach draußen und sorgen Sie für eine harmonische häusliche Umgebung.

BEZIEHUNGEN – Wer stärkt Ihnen den Rücken? Um gezielte Hilfe bitten, soziale Unternehmungen an die eigenen Batteriereserven anpassen.

Schaffen Sie sich in Ihrem Zuhause eine Oase der Ruhe.

ÜBUNGEN BEI STRESS UND BURN-OUT

Müheloses Wiederaufladen

Wenn wir gestresst, erschöpft und ausgebrannt sind, brauchen wir Strategien, um schnell wieder aufzutanken. Stellen Sie sich Techniken zusammen, um wieder Licht und Vitalität in Ihr Leben zu bringen. Hier sind einige Vorschläge:

Nutzen Sie die heilenden Kräfte der Natur – Wenden Sie sich an Mutter Natur. Können Sie die Schönheit einer Blume betrachten und dabei ein Gefühl von Demut entwickeln? Können Sie die Wärme der Sonne auf Ihrer Haut spüren oder einen Sonnenuntergang ansehen? Können Sie den Wolken nachblicken und sich daran erinnern, wie schnell sich alles ändern kann? Lassen Sie den Wind alles, was Sie nicht mehr benötigen, wegblasen. Lassen Sie sich vom Regen reinigen und alles wegspülen, was vorbei ist.

Suchen Sie Trost in den eigenen vier Wänden – Dabei geht es nicht darum, wie in einer Möbelausstellung zu leben. Vielmehr soll das Konzept „äußere Ordnung schafft innere Harmonie" umgesetzt werden. Ein bisschen Aufräumen oder Putzen kann den Weg für klares Denken ebnen. Schaffen Sie sich in Ihrem Zuhause eine Oase der Ruhe. Das kann eine sonnige Ecke sein, ein Sessel, das Bett mit Ihrer Lieblingsbettwäsche. Verteilen Sie in Ihrer Wohnung kleine Blickfänger, die Sie aufmuntern, eine Topfpflanze am Bett, ein Kissen oder eine Decke mit einer Farbe und Struktur, die Ihnen gefällt, ein Foto in der Küche, das Sie ansehen können, während Sie spülen, eine Vase mit einer Blüte auf dem Esstisch. Versprühen Sie etwas Raumspray oder stecken Sie eine Duftkerze an, um eine erholsame Atmosphäre zu schaffen. Es muss nichts Aufwendiges sein, nur etwas, worauf sich Ihre Aufmerksamkeit richten kann, damit Sie zur Ruhe kommen.

Entspannungsbibliothek – Bauen Sie sich eine Bibliothek aus Podcasts, TED-Vorträgen, Hörbüchern, Musik, Anleitungen für Entspannungsübungen oder Yoga Nidra auf. Wenn Sie sich erschöpft fühlen, können diese Ressourcen Sie aufmuntern und Ihnen Kraft geben.

Die Saat ausbringen: Bemerken Sie, dass Ihre Probleme nicht mehr so unüberwindbar erscheinen oder Ihnen mehr Lösungen einfallen, wenn Sie Ihre Batterien wieder aufgefüllt haben? Gibt es andere Möglichkeiten, Sie wieder zu stärken?

Versprühen Sie Raumspray oder stecken Sie eine Duftkerze an, um eine erholsame Atmosphäre zu schaffen.

Entspannung

Entspannung ist nicht sinnlos, ein Zeichen von Faulheit oder nur nett. Deshalb ist Entspannung so wichtig:

» Entschleunigung bringt uns in Einklang mit unseren natürlichen Rhythmen. Dann können wir die Botschaften unseres Körpers wie Hunger, Unsicherheit oder Angst hören und gezielte Maßnahmen ergreifen, um uns wieder ins Gleichgewicht zu bringen.

» Entspannung fördert Heilung, Entgiftung und Zellerneuerung. Sie stärkt das Immunsystem und beruhigt die Nerven. Wenn Sie keine Zeit zur Erholung finden, übernimmt das irgendwann Ihr Körper für Sie. Dann werden Sie vermutlich zum unpassendsten Zeitpunkt krank oder verletzen sich und werden so zur Ruhe gezwungen.

» Ein Time-out gibt uns Zeit zum Nachdenken und wirkt sich förderlich auf die Kreativität aus.

» Entspannungstechniken wie Achtsamkeit verändern unsere Gehirnstruktur[29] und sorgen für mehr Widerstandskraft und psychische Gesundheit.

Was ist Entspannung?

Entspannung ist ein Zustand der Ruhe, Unbeschwertheit, Harmonie und des Friedens. Wer das Gegenteil von Entspannung kennt, weiß, worum es geht – die Abwesenheit von Anstrengung, Anspannung, Streben und Konflikt.

Entspannen lernen

Entspannung ist das Mittel gegen Stress. Tatsächlich ist es unmöglich, zugleich entspannt und gestresst zu sein, denn die beiden Zustände aktivieren gegensätzliche Regionen des Nervensystems. Um die Fähigkeit des Loslassens wiederzugewinnen, müssen wir den Unterschied zwischen Anspannung und Entspannung kennen. Uns ist selten bewusst, wie verspannt unser Körper ist, und selbst wenn wir die Stellen der Verspannung kennen, kann es schwierig sein, die Muskeln zu lockern. Ein wenig sanfte Bewegung kann dafür sorgen, dass man loslassen kann. Es ist leicht, Entspannung mit Nichtstun gleichzusetzen – aber Stillsitzen ist nur eine von vielen Möglichkeiten. Sanfte Bewegungspraktiken können ebenso effektiv sein. Der folgende Abschnitt verbindet Sie mit Ihrem Innersten und hilft Ihnen, sich mit wenig Aufwand zu stärken und sich dann zu entspannen, ohne groß darüber nachdenken zu müssen.

Stress & Burn-out

Verbindung zur Körpermitte – Brücke

Legen Sie sich auf den Rücken und stellen Sie die Beine vor den Hüften auf, die Füße stehen flach auf dem Boden. Spüren Sie, wie es ist, so zu liegen und den ganzen Körper zu entspannen. Wenn Ihnen das Stillliegen schwerfällt und Ihre Gedanken abschweifen, ist das in Ordnung. Richten Sie nun Ihre Aufmerksamkeit auf Hände und Füße. Legen Sie die Hände flach auf die Oberschenkel. Entspannen Sie beim Einatmen den Körper und genießen Sie, dass es nichts zu tun gibt. Beim Ausatmen drücken Sie Ihre Füße fest in den Boden und die Hände gegen die Oberschenkel. Spüren Sie, wie das die Muskeln in Armen, Brust, Bauch und Oberschenkeln aktiviert. Vielleicht überrascht es Sie, wie stark Ihre Bauchmuskeln arbeiten. Beobachten Sie deren Aktivität im Vergleich mit der von Händen und Füßen, spannen Sie sie aber nicht extra an. Lassen Sie während des gesamten Einatmens alles wieder los. Wiederholen Sie dies 10-mal. Aktivieren Sie die Muskeln in Händen und Füßen beim Ausatmen und lockern Sie sie beim Einatmen. Dann lassen Sie die Arme in eine bequeme Haltung fallen und die Knie gegeneinandersinken. Beachten Sie, wie viel einfacher es nun ist, sich zu entspannen, und wie Ihr Geist sich viel mehr auf den jetzigen Augenblick konzentriert. Richten Sie Ihre Aufmerksamkeit nach innen und prüfen Sie, ob Ihre Atemgeschwindigkeit anders ist als zu Beginn der Übung. Vielleicht atmen Sie jetzt etwas langsamer.

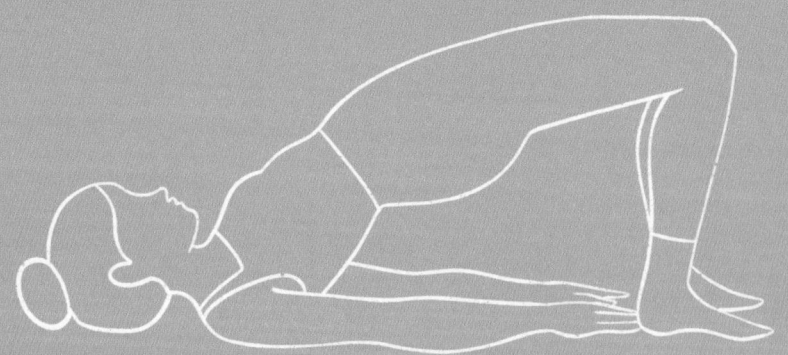

Als Nächstes legen Sie die Arme neben sich, die Handflächen zeigen zum Boden, um sich auf die dynamische Brücke vorzubereiten. Beim Einatmen legen Sie die Arme hinter Ihrem Kopf auf den Boden, beim Ausatmen bringen Sie sie wieder neben Ihren Körper und heben Becken und Brust, so hoch Sie können. Beim Einatmen legen Sie das Becken ab und die Arme hinter den Kopf. Wiederholen Sie das 10-mal. Spüren Sie beim Abheben die Aktivität in Gesäß und Oberschenkeln und die Dehnung auf der Vorderseite des Körpers. Spüren Sie am Ende der Übung die Energie, die durch Beine, Becken, Bauch und unteren Rücken strömt. Lenken Sie Ihre Aufmerksamkeit auf den Atem im Bauch – gibt es dort jetzt mehr Platz? Gibt es einen Zusammenhang zwischen der Qualität Ihres Atems und Ihres Denkens?

Sie haben sanft mit Ihrem Körper gearbeitet und Ihren Geist konzentriert. Kommen Sie nun in der Schmetterlingshaltung zur Ruhe. Legen Sie sich ein Kissen unter den Kopf, stellen Sie die Beine auf und legen die Fußsohlen aneinander. Lassen Sie dann die Knie sanft in Richtung Boden sinken, vielleicht auf ein paar Kissen, damit es bequem ist. Benutzen Sie ein Augenkissen, um das Licht zu dämpfen und sich noch getragener zu fühlen. Spüren Sie, wie die Erde Ihnen entgegenkommt, um Sie zu tragen. Legen Sie die Hände auf den Bauch und spüren Sie, wie Sie sich mit dem Atem heben und senken. In Ihrem Bauch ist ein großer Vorrat an Freundlichkeit und Ruhe. Lassen Sie Ihr inneres Auge dort so lange ruhen, wie es Ihnen angenehm ist – zehn Atemzüge oder zehn Minuten.

 Die Saat ausbringen: Wenn Sie diese Übung regelmäßig machen, achten Sie darauf, ob Sie die Spannungen spüren, die sich im Lauf des Tages in den Körper eingeschlichen haben. Mit wachsender Achtsamkeit können Sie auch versuchen, in den Körper zu horchen und herauszufinden, was er braucht, um loszulassen. Ihr Körper wird Ihnen sagen, was er benötigt. Mit der Zeit kann Ihnen das vielleicht helfen, friedlicher und entspannter durch den Tag zu kommen, selbst in schwierigen Momenten.

Handsequenz

Probieren Sie diese Yogasequenz am Schreibtisch, am Spülbecken oder auf dem Sofa aus, um die Durchblutung und die Empfindung in Fingern, Händen und Armen wieder anzuregen und dabei ruhig zu werden. Die eine Hand hält die andere, die rechte Hand ist oben. Drücken Sie einen Augenblick die rechte Hand mit der linken. Dann ist die linke Hand oben und Sie drücken mit der rechten Hand. Das wiederholen Sie im Wechsel und in langsamem Tempo 10-mal. Schütteln Sie die Hände dann aus und spüren Sie die Energie, die sie durchströmt. Nun falten Sie die Hände und drücken die Handflächen fest zusammen. Lösen Sie die Finger und falten und drücken Sie sie erneut; dieses Mal ist der andere Daumen oben. Wiederholen Sie auch das in einem mäßigen Tempo 10-mal. Strecken Sie die Arme vor sich aus, Handflächen aufeinander. Legen Sie die Arme übereinander und die rechte Handfläche auf den linken Handrücken. Drehen Sie die Daumen nach unten und verschränken Sie die Hände. Ziehen Sie die Hände so weit wie möglich zu sich heran, ohne sie voneinander zu lösen. Ziehen Sie die Hände 6-mal vor und zurück. Dann nehmen Sie die linke Hand nach oben und wiederholen den Ablauf weitere 6-mal. Legen Sie nun die Hände offen in den Schoß und spüren Sie die Energie. Genießen Sie es, ruhig zu sitzen und die Wärme und Mühelosigkeit zu empfinden.

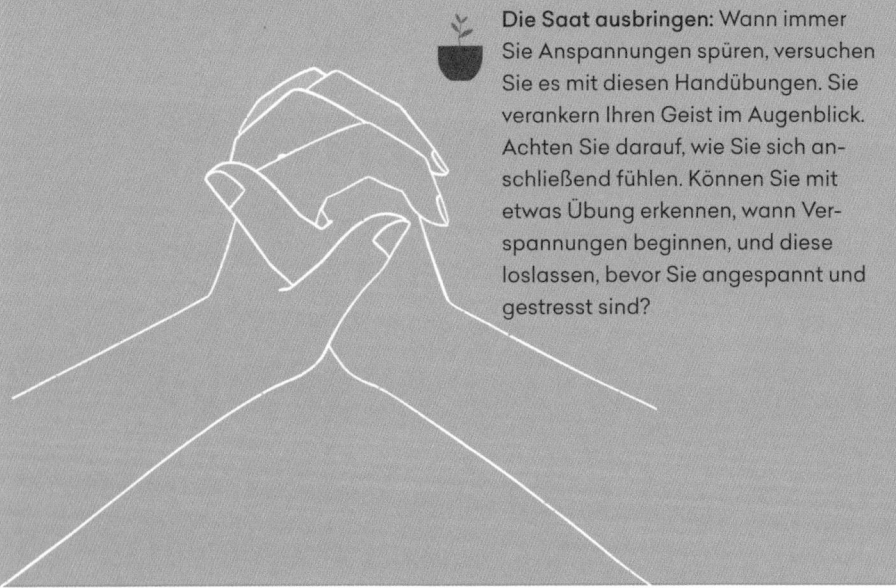

Die Saat ausbringen: Wann immer Sie Anspannungen spüren, versuchen Sie es mit diesen Handübungen. Sie verankern Ihren Geist im Augenblick. Achten Sie darauf, wie Sie sich anschließend fühlen. Können Sie mit etwas Übung erkennen, wann Verspannungen beginnen, und diese loslassen, bevor Sie angespannt und gestresst sind?

Entschleunigung

Oft rasen wir mit eingestelltem Autopiloten in halsbrecherischer Geschwindigkeit durch den Tag. Schalten Sie runter und beobachten Sie, wie sich dadurch der ganze Tag verändert. Eile und Hektik bringen keine echte Zeitersparnis. Was wir sorgfältig tun, ist effektiv, und die Arbeit gelingt gleich beim ersten Mal. Fangen Sie im Kleinen an und schenken Sie manchen Tätigkeiten mehr Beachtung: Feuchtigkeitscreme auftragen, Zähne putzen, essen – schon ein paar Bissen reichen –, eine achtsame Dusche, die Wäsche falten oder die Spülmaschine ausräumen. Und für Eltern (und das ist nichts für schwache Nerven): Versuchen Sie, im Tempo Ihrer Kinder zu gehen. Ihre innere Stimme sagt Ihnen sicherlich: „Du hast für so etwas keine Zeit" und Ihr Körper ertrinkt in Stresshormonen. Ersetzen Sie die Ermahnung durch die Affirmation: „Ich habe so viel Zeit, wie ich brauche." Selbst wenn Sie das gar nicht glauben, lenken Sie sich damit von der ersten Behauptung ab.

 Die Saat ausbringen: Achten Sie darauf, ob Sie schneller werden oder Fehler machen. Atmen Sie tief ein und werden Sie bewusst langsamer. Erinnern Sie sich daran, dass Sie nur einmal tun müssen, was Sie mit Sorgfalt tun. Merken Sie, dass es mehr Freude macht, wenn Sie sich Zeit nehmen?

Achtsamer Blick nach innen

Machen Sie es sich zur Gewohnheit, mehrmals am Tag innezuhalten und einen Blick auf Kopf, Herz und Körper zu werfen, vielleicht als Erstes am Morgen oder wenn Sie zur Arbeit fahren, die Kinder zur Schule gebracht haben, am

Schreibtisch sitzen, oder vor der Mittagspause, wenn der 14-Uhr-Tiefpunkt zuschlägt, nach dem Abendessen oder vor dem Schlafengehen. Das eigene Befinden wahrzunehmen, bildet die Grundlage der Selbstfürsorge. Der achtsame Blick nach innen gibt Ihnen Gelegenheit, Hunger, Müdigkeit, Anspannung, Schmerz, Konzentrationsfähigkeit, Einsamkeit, den Wunsch, allein zu sein, oder jede andere Emotion wahrzunehmen. Beobachten Sie eine Minute oder weniger, ohne zu bewerten oder zu kritisieren, und nehmen Sie sich vor, sich Ihrer Bedürfnisse liebevoll anzunehmen.

 Die Saat ausbringen: Was lernen Sie über sich bei dieser Achtsamkeitsübung – die Gründe für Stress und Burn-out, Ihre Warnsignale? Bemerken Sie sie mit der Zeit früher, können Sie aktiv werden und die Lage besser in den Griff bekommen?

Im Körper ankommen

Es hilft, ein großes Vokabular für körperliche Empfindungen zu haben, um sich seines Körpers bewusst zu sein. Greifen Sie auf diese Wörter beim achtsamen Blick nach innen oder beim Yoga zurück:

klar, eingeschränkt, heiß, pulsieren, fließen, pochen, kribbeln, stechen, warm, kalt, fest, locker, angespannt, sehnig, Schmerz, ziehen, schwer, leicht, eng, offen, Raum, ausgedehnt, schwach, Gänsehaut, flüssig, feststecken, erstarrt, taub, Elan, schlaff, aufgeschwemmt, zappelig, unscharf, nervös, erschauernd, kribbelnd, zitternd, dicht, schwindelig, glatt, weich, energiegeladen

Wo spüren Sie diese Empfindungen und ändern sie sich mit der Zeit? Senden sie Ihnen eine Botschaft? Möchten Sie auf sie mit einer Bewegung reagieren? Es gibt dabei kein Falsch oder Richtig, lassen Sie sich von Ihrer Neugier leiten.

 Die Saat ausbringen: Wächst Ihr Körperbewusstsein mit Ihrem Gefühlswortschatz? Fördert das Ihre Freundschaft mit Ihrem Körper und motiviert es Sie, liebevoll und freundlich mit ihm umzugehen?

Die Sinne zur Ruhe kommen lassen – ein Ritual

Gegen die tägliche Überlastung unserer Sinne gibt es ein Mittel: Lassen Sie sich ein Bad ein und nehmen Sie sich vor, Ihre Energiereserven wieder aufzuladen. Denken Sie dabei nicht über Ihre To-do-Liste nach, sondern genießen Sie, dass es weder um Mühe noch um Stimulation geht. Sagen Sie allen, dass Sie nicht gestört werden möchten. Haben Sie Kinder, finden Sie jemanden, der auf sie aufpasst, damit Sie ganz für sich sein können.

Geben Sie ein paar Magnesiumflocken ins Wasser, sie wirken entzündungshemmend. Lavendel hat einen beruhigenden Duft und Bittersalze lockern die Muskulatur. Während Sie im Wasser liegen, stellen Sie sich vor, wie die Anspannung Ihren Körper verlässt, alle Lasten von Ihnen abfallen und nun vom Wasser getragen werden. Genießen Sie es, bis über die Ohren einzutauchen, und nehmen Sie die Stille wahr. Schließen Sie die Augen und lassen Sie Ihre Sinne zur Ruhe kommen. Hier muss nichts erreicht werden, es geht nur ums Loslassen. Sind Sie schläfrig, verweilen Sie für einen Moment so. Dann lehnen Sie den Kopf an den Wannenrand, Ihre Achtsamkeit richten Sie darauf, wie Ihr Körper warm und weich wird und sich entspannt. Wenn Ihre Gedanken abschweifen, nutzen Sie ein Mantra, um sie auf etwas Konstruktives zu lenken. Versuchen Sie es mit „Die Welt kann warten" oder „Niemand erwartet gerade etwas von mir".

Eine kleine Warnung: Unsere Abhängigkeit von ständiger Aktivität und die permanente Alarmbereitschaft können bewirken, dass wir Entspannung als fremd und sogar unangenehm empfinden. Unermüdliche Aktivität lenkt uns von unseren Gedanken und Gefühlen ab. Wenn wir plötzlich diesen inneren Erfahrungen ausgesetzt sind, kann uns das überwältigen. Ist das auch bei Ihnen der Fall, gehen Sie behutsam vor. Sie sind damit übrigens nicht allein, wie einige vielsagende Forschungen zeigen. In elf Studien verpassten sich die Teilnehmer lieber selbst Elektroschocks, als mit ihren Gedanken allein zu sein. Das zeigt, dass viele von uns lieber irgendetwas als nichts tun, selbst wenn „irgendetwas" etwas Negatives ist.[30] Wenn Sie das Entspannen in der Stille schwierig finden, verschieben Sie es auf später und versuchen Sie es zunächst einmal mit anderen Übungen, bei denen Sie sich auf Bewegung oder die Natur konzentrieren.

 Die Saat ausbringen: Nehmen Sie sich vor, im Verlauf des Tages Augenblicke wahrzunehmen, in denen Sie sich nicht anstrengen müssen. Genießen Sie diese friedvollen Momente. Vielleicht bemerken Sie auch, was Sie im Leben trägt und unterstützt – der Stuhl, auf dem Sie sitzen, das Bett, das Sie trägt, die Erde unter Ihren Füßen oder die Arme, die Sie liebevoll in einer Umarmung umfangen. Gestatten Sie sich, dieses Urgefühl des Getröstet- und Behütetwerdens zu genießen.

Die heilende Kraft des Atems

Wie wir atmen, hat eine enorme Auswirkung darauf, wie wir uns fühlen. Sind wir gestresst, bleibt der Atem oft in der Brust und fühlt sich kurz und eng an. Erlauben wir dem Atem, langsamer, weiträumiger und bis in den Bauch zu fließen, lässt uns das ruhiger werden. Daran ist nichts Esoterisches. Ruhiges, entspanntes Atmen stimuliert den ventralen Vagusnervkomplex, aktiviert das parasympathische Nervensystem und seinen Verdauungsmodus. Wenn wir besser atmen, sind wir in Stresssituationen empathischer, erfindungsreicher und widerstandsfähiger. Diese Art des Atmens versorgt unser Soziales-Engagement-System besser, denn dabei werden die Hirnbereiche intensiver durchblutet, die für Problemlösungen zuständig sind. Die Kampf-oder-Flucht-Reaktion, bei der das Blut in die Extremitäten fließt und uns auf Aktion vorbereitet, wird dagegen nicht angesprochen. Wenn wir uns auf unseren Atem konzentrieren, können wir uns effektiv im Jetzt verankern und uns zugleich von nutzlosen Gedanken ablenken. Atmen Sie besser, dann fühlen Sie sich besser.

Grundlagen des Atmens – mit Bewegung

Am Anfang ist es am einfachsten, sich mit dem Atem zu bewegen. Statt auf eine bestimmte Art zu atmen, konzentrieren Sie sich auf Bewegungen, die mit Ihrem Atem einhergehen. Vielleicht kennen Sie das: Wenn Sie ängstlich oder gestresst sind und versuchen, tief zu atmen, verstärkt das die Aufregung nur noch. Die Lösung ist, sich rhythmisch mit dem Ein- und Ausatmen zu bewegen.

Legen Sie sich mit ausgestreckten Beinen auf den Rücken. Die Arme liegen neben dem Körper. Spüren Sie einen Moment, wie es ist, auf dem Boden zu liegen. Atmen Sie ganz natürlich. Beobachten Sie nun, wo sich der Atem in Ihrem Körper zeigt. Ist er ruhig, hektisch, gleichmäßig, unregelmäßig, kurz, flach, tief, eng, weit, mühelos, schwer, laut oder leise? Stellen Sie sich das als Ausgangslage vor und beobachten Sie, welche Veränderungen sich von selbst ergeben.

Beim nächsten Einatmen heben Sie die Arme Richtung Decke und legen sie auf den Boden hinter sich. Zugleich strecken Sie die Füße. Achten Sie auf die Pause am Ende des Einatmens. Beim Ausatmen legen Sie die Arme wieder neben den Körper und schieben die Fersen vom Körper weg. Achten Sie auf die Pause am Ende des Ausatmens. Passen Sie die Bewegung der Dauer Ihres Atems an. (Sie sollten sich nicht bewegen, wenn Sie nicht mehr atmen. Bewegen Sie sich nur schneller, um mit Ihrem Atem Schritt zu halten.) Sie müssen nicht besonders langsam atmen, es soll einfach angenehm sein. Wiederholen Sie die Armbewegung mit dem Atem 10-mal. Spüren Sie, wie Ihnen die Armbewegung hilft, tiefer einzuatmen, indem sie den Brustkorb weitet. Wenn Sie beim Ausatmen die Arme senken, wirkt das wie ein Blasebalg, der das Zwerchfell belebt und die Lungen vollständig leert. Konzentrieren Sie sich auf die Bewegung, die es Ihnen erlaubt, mühelos tiefer zu atmen.

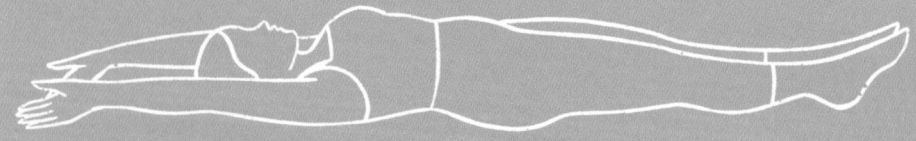

Vielleicht spüren Sie, dass sich die Vorderseite Ihres Körpers beim Einatmen wunderbar dehnt und sich Ihr Rücken beim Ausatmen streckt. Genießen Sie diese Empfindungen. Lassen Sie Ihren Körper nun wieder zur Ruhe kommen und beobachten Sie Ihren Atem. Hat er sich verändert – sein Rhythmus, wo er hingeht und wie er sich anfühlt? Spüren Sie Veränderungen an Ihrem Energielevel, Ihrer Konzentration oder Ihren Gedanken? Wenn Sie diese Übung häufiger gemacht haben, können Sie sie mit einem Mantra verbinden. Wiederholen Sie im Stillen beim Einatmen die Worte „Ich empfange" und beim Ausatmen „Ich gebe ab".

 Die Saat ausbringen: Nehmen Sie sich im Verlauf des Tages einen Moment, um Ihren Atem zu spüren. Denken Sie dabei nicht über den Atem nach und verändern Sie ihn nicht bewusst. Beobachten Sie nur Ihre Empfindungen. Indem Sie Ihren Atem beobachten, reguliert er sich von allein und wird ruhiger. Üben Sie das zunächst in entspannten Augenblicken und machen Sie daraus ein Tool für schwierige Zeiten. Welche Wirkung hat Ihr Atem in stressigen Zeiten für Sie?

Grundlagen des Atmens – Geräusche

Mit dem „Bienensummen" lässt sich ein Gefühl der Ruhe erzeugen. Forschungen haben erwiesen, dass diese Methode Stress noch besser lindern kann als die reine Beobachtung des Atems oder der Gedanken. Die längere Ausatemzeit und die Vibration haben vermutlich eine zusätzliche beruhigende Wirkung und bieten dem Geist einen weiteren Ankerpunkt.[31] Sitzen Sie aufrecht, entspannen Sie die Schultern und atmen Sie einige Male normal. Wenn Sie sich gut fühlen, schließen Sie die Augen. Beginnen Sie das Bienensummen mit geschlossenem Mund. Atmen Sie durch die Nase ein und erzeugen Sie beim Ausatmen das summende Geräusch. Wiederholen Sie das einige Minuten oder so lange, wie Sie sich dabei gut fühlen. Vielleicht empfinden Sie nach ein paar Runden, dass Sie die Ruhe besser genießen oder zumindest besser ertragen können.

Indem Sie Ihren Atem beobachten, wird er ruhiger. Üben Sie das in entspannten Augenblicken und machen Sie daraus ein Tool für schwierige Zeiten.

Besänftigende Berührungen – ein Ritual

Berührungen, ob von jemand anderem oder sich selbst, setzen Oxytocin frei, ein Hormon zur Stressbewältigung, das entscheidend für ein Gefühl von Geborgenheit ist. Es erleichtert soziale Bindungen, Liebe und Zugehörigkeit, Widerstandskraft und Stressabwehr und erlaubt dem Körper, sich an Stress anzupassen und zu heilen. Diese Gesichts-, Kopf-, Hals- und Schultermassagen sind zutiefst erholsam.

Spüren Sie in sich hinein. Wie fühlen Sie sich? Achten Sie auf Ihren Atem, darauf, wie angespannt Sie sind, und auf Ihre Stimmung. Machen Sie die Übungen komplett oder teilweise und beobachten Sie, ob Sie sich danach anders fühlen.

Schultermassage – Legen Sie die rechte Hand neben Ihrem Hals auf die linke Schulter und greifen Sie sie fest. Dann fahren Sie, vom Hals ausgehend, kräftig mit den Fingern die Schulter hinab. Wiederholen Sie das 6-mal und bewegen Sie sich bei jeder Wiederholung weiter vom Hals weg. Wiederholung auf der anderen Seite.

Kopfdrehen – Ihre Arme sind entspannt neben dem Körper, die Schultern hängen locker. Ihr Kinn ist parallel zum Boden. Drehen Sie den Kopf und blicken Sie nach rechts, dann nach links. Wiederholen Sie das 3-mal und mobilisieren Sie so Ihren Hals.

Schulterrollen – Legen Sie die Fingerspitzen auf die Schultern, atmen Sie ein und bringen Sie die Ellbogen nach vorn und oben, beim Ausatmen nach hinten und unten. 6-mal wiederholen.

Schlüsselbeinhänger – Drücken Sie das Kinn in Richtung Brust. Beginnen Sie an den Innenseiten der Schlüsselbeine und drücken Sie Ihre Finger fest dahinter, als wollten Sie sich an die Schlüsselbeine hängen. Heben Sie in dieser Haltung das Kinn und strecken Sie den Hals. Wiederholen Sie das 2-mal und bewegen Sie dabei die Hände immer weiter nach außen.

Kiefermassage – Setzen Sie die Spitzen von Zeige-, Mittel- und Ringfinger beider Hände unterhalb der Schläfe auf und lassen Sie sie hinuntergleiten. Wiederholen Sie das fest und langsam 3-mal und öffnen Sie dabei den Mund.

Ohr ziehen und massieren – Halten Sie Ihre Ohrläppchen fest und ziehen Sie sie 3-mal gerade nach unten. Bei den Schläfen beginnend, massieren Sie nun mit Zeige- und Mittelfinger nach oben, über und hinter die Ohren und nach unten. 3-mal wiederholen.

Augenhöhlenmassage – Legen Sie die Finger mit festem Druck auf die Wangenknochen. Arbeiten Sie sich allmählich in Richtung Ohren. Spüren Sie, wie das die Durchblutung Ihres Gesichts anregt und Spannungen löst. Fühlt sich das gut an, kehren Sie zum Punkt mitten unter den Augen zurück und üben hier zum Schluss noch einmal festeren Druck aus.

Schläfenmassage – Legen Sie Ihre Daumen an die Schläfen und die Fingerspitzen auf die Stirn. Stellen Sie sich vor, Sie hätten wie eine Ziege Hörner auf der Stirn. An der Stelle fühlen Sie einen knöchernen Grat, auf den Sie die Finger legen. Sanfter Druck an dieser Stelle regt das Nervensystem an und löst Spannungen. Denken Sie daran, wie wir den Handrücken an die Stirn legen, wenn wir schlechte Nachrichten bekommen. Mit diesen Druckpunkten bringen wir das Nervensystem wieder in Gang. Halten Sie den Druck sechs entspannte Atemzüge und spüren Sie, wie das Reaktionen auf Stress mildert.

Gesicht halten – Legen Sie das Kinn in die Hände und die Fingerspitzen an die Schläfen. Sechs Atemzüge verweilen.

Augen baden – Reiben Sie die Hände, um sie zu wärmen. Dann legen Sie die Handflächen über die Augen und bleiben sechs Atemzüge lang liebevoll bei sich.

Kopfmassage – Legen Sie die Fingerspitzen in die Mitte der Stirn an den Haaransatz und schieben Sie sie fest über die Kopfhaut nach hinten bis zum Nacken. Wiederholen Sie das mehrmals und spreizen Sie die Finger dabei immer weiter, bis Sie die Ohren erreichen. Dann streichen Sie mehrmals vom Nacken über den Hinterkopf auf den Kopf und spreizen dabei auch jedes Mal die Finger weiter, bis sie die Ohren berühren. Spüren Sie, wie Ihre Energie zurückkehrt.

Beenden Sie dieses Ritual, indem Sie die Hände vor Ihr Herz nehmen und das Mantra „Ich spüre, wie mein Atem nach Hause kommt" sprechen. Verweilen Sie sechs gleichmäßige, erfrischende Atemzüge lang.

 Die Saat ausbringen: Integrieren Sie zumindest eine dieser Massagen in Ihren Tagesablauf. Notieren Sie sich Augenblicke, in denen dieses Tool Ihnen hilft. Dann können Sie sich im richtigen Moment daran erinnern. Nehmen Sie sich vor, mitfühlend auf Ihren Stresslevel zu achten und eines dieser Tools zu benutzen, wenn Sie sich überfordert fühlen.

Achtsamer Umgang mit Technik

Wir verbringen einen Großteil unserer Zeit vor Bildschirmen. Was wir sehen, hören oder lesen, hat enormen Einfluss auf unseren Stresslevel. Beobachten Sie Ihren Umgang mit Medien und sorgen Sie dafür, dass er Ihnen nützlich ist.

Überlegen Sie, was Sie brauchen – Prüfen Sie vorher, wie Sie sich fühlen. Erfüllt diese Technologie Ihre Bedürfnisse?

Nutzen Sie Technologien mit Bedacht – Wählen Sie bewusst aus, was Sie einschalten.

Seien Sie achtsam – Beobachten Sie, wie Sie sich fühlen, wenn Sie online sind, und danach. Wie steht es um Ihren Geist, Ihren Körper, Ihre Stimmung und Ihren Energiehaushalt? Beeinflusst das Ihre Meinung über sich selbst?

Seien Sie wählerisch – Melden Sie sich von sozialen Medien ab, die Vergleichsfallen stellen. Löschen Sie alle Apps, die Ihnen nicht guttun. Werfen Sie einen objektiven und kritischen Blick auf die Zeit, die Sie mit Ihren Apps verbringen.

Legen Sie Ihr Telefon weg – Wie fühlen Sie sich, wenn Ihr Telefon in Sichtweite ist? Allein der Anblick kann das Denkvermögen einschränken.[32] Ist der Wunsch draufzuschauen unüberwindbar? Die Smartphonesucht ist echt, denn Apps aktivieren dieselben dopamingesteuerten Nervenzellen wie Spielautomaten und Kokain.[33] Es abzuschalten oder mit dem Bildschirm nach unten hinzulegen, reicht nicht. Lassen Sie Ihr Telefon in einem anderen Raum, um wirklich mal Pause zu machen, besonders wenn Ihre Aufmerksamkeit anderswo gebraucht wird. Stellen Sie es

stumm oder schalten Sie Benachrichtigungen aus, die Sie nur unnötig auf dem Sprung halten.

Gesunder Medienumgang – Denken Sie sich Grenzen für sich aus: wie oft, zu welchem Zweck, wie lang?

 Die Saat ausbringen: Gehen Sie achtsam mit Technologien um und beurteilen Sie ehrlich, welchen Einfluss sie auf Ihr Wohlbefinden haben. Achten Sie auf den Zusammenhang zwischen dem Impuls, zum Telefon zu greifen, und Stress und Unruhe.

Die Abhängigkeit vom Smartphone ist echt. Löschen Sie alle Apps, die Ihnen nicht guttun.

Beziehungen

Wir sind soziale Wesen und brauchen das Gefühl der Verbundenheit ebenso wie Nahrung und Schlaf. In Krisenzeiten ist ein unterstützendes Netzwerk wichtiger denn je. Wir wissen, dass wir andere Menschen brauchen, die uns wieder aufrichten. Aber was, wenn die üblichen Arten des Kontakts unerreichbar oder zu anstrengend erscheinen? Passen Sie in Krisenzeiten Ihre sozialen Kontakte an Ihre Bedürfnisse und Ihre derzeit verfügbare Energie an. Gestatten Sie sich, in solchen Zeiten Ihr Sozialleben anders zu gestalten, statt sich zurückzuziehen, weil Ihnen alles zu viel ist. Denken Sie an alle, die zu Ihnen stehen und Ihnen helfen wollen. Manchmal zögern wir, um Hilfe zu bitten, weil wir das nicht für richtig halten. Manches Hilfsangebot ist auch einfach nicht das richtige. Erlauben Sie sich, nicht nur um Hilfe zu bitten, sondern auch zu sagen, wie sie aussehen soll. Denken Sie daran, wie es für Sie war, einen Freund in einer Krise zu erleben. Ich bin überzeugt, dass Sie nur darauf gewartet haben, helfen zu dürfen, oft aber nicht wussten, was Sie tun sollten. Sie tun den Menschen einen Gefallen, wenn Sie um Hilfe bitten, denn zu helfen ist ein gutes Gefühl und vertieft die Bindung. Denken Sie auch daran, dass nicht jeder Ihnen die Unterstützung bieten kann, die Sie gerade brauchen (das ist kein Mangel an Zuneigung!). Wählen Sie also mit Bedacht und nutzen Sie die Stärken der Menschen in Ihrem Umfeld. Brauchen Sie jemanden zum Zuhören, wenden Sie sich an einen Freund, der das gut kann, und nicht an den Problemlöser, der sich immer gleich eine ganze Liste von Dingen ausdenkt, die Sie tun könnten. Verschiedene Menschen helfen Ihnen in unterschiedlichen Situationen. Lassen Sie sie nur so weit an sich heran, wie es für Sie angemessen ist, und denken Sie daran, dass Sie auf die folgenden Punkte Einfluss nehmen können:

Mit wem Sie Zeit verbringen – Es ist in Ordnung, sich Gesellschaft zu suchen, die Sie aufheitert, und wenig Zeit mit denen zu verbringen, die schlechte Laune verbreiten. Das wird nicht immer so sein. Tun Sie, was Ihnen jetzt hilft. Es geht nicht darum, Freunde loszuwerden. Wenn es erschöpfend ist, sich zum Reden zu treffen, tun Sie etwas anderes, gehen Sie stattdessen ins Kino. Wenn Treffen mit der ganzen Familie zu anstrengend sind, bitten Sie darum, sich nur zu zweit zu treffen.

Wo Sie sich treffen – Vielleicht sind Ihnen die üblichen Treffpunkte im Augenblick zu laut oder zu voll. Suchen Sie also eine Umgebung aus, die Sie erholsam finden.

Was Sie mit anderen tun – Sagen Sie Freunden und Familie, was Ihnen guttut. Es wird Leute geben, die zeigen, dass sie helfen möchten. Manchmal ist das eine Umarmung oder eine schöne Abwechslung oder sie hören einfach zu. Sagen Sie ihnen, wenn Sie über sich sprechen wollen. Wenn nicht, sagen Sie ihnen, dass Sie sich auf etwas Ablenkung freuen.

Wann Sie in Kontakt treten – Sehen Sie sich Ihre Energiereserven an und hören Sie auf Ihre Bedürfnisse. Statt Ausgehen ist Telefonieren vielleicht eine gute Alternative. Beobachten Sie Ihren täglichen Energierhythmus und suchen Sie Kontakt, wenn Ihr Energielevel das zulässt.

Wie lang Sie zusammen sind – Hören Sie in sich hinein. Wie fühlen Sie sich? Erlauben Sie sich, Kontakte mal mehr und mal weniger zu pflegen. Wir müssen uns nicht lang sehen, oft reicht ein kurzes, nettes Treffen, um in Verbindung zu bleiben. Wenn für ein persönliches Treffen keine Zeit ist, schreiben Sie eine SMS, sprechen Sie auf die Mailbox oder schicken Sie ein Foto. Melden Sie sich und lassen Sie andere wissen, was Sie brauchen. Schon die Stimme eines geliebten Menschen kann Stress ebenso lindern wie eine Umarmung.[34] Wir finden oft, dass Briefe ein wunderbarer Weg sind, um Gefühle festzuhalten – Forschungen zeigen, dass eine aufgenommene Liebesbotschaft auch ein wunderbares, nachhaltiges Geschenk sein kann.

Sich die Anwesenheit eines geliebten Menschen auch nur *vorzustellen,* kann ein Puffer gegen Stress sein.[35] Machen Sie eine Liste von allen Menschen in Ihrem Team und stellen Sie sich in schwierigen Momenten vor, sie wären da – in irdischer Gestalt oder anders –, um Sie mit Liebe zu umfangen.

Essen bei Stress und Burn-out

Jeder weiß, was gesundes Essen bedeutet. In Krisenzeiten ist es sehr wichtig, etwas Gesundes schnell zur Hand zu haben. Dabei geht es nicht darum, Stunden in der Küche zu verbringen, es sei denn, Kochen ist für Sie eine echte Energiequelle. Es geht darum, nahrhaftes Essen sowie die Planung und Organisation dafür zur Priorität zu machen. Die wesentliche Botschaft ist: Wenn Sie klar denken wollen, müssen Sie Ihr Gehirn ernähren. Wir verbinden Essen oft mit der Versorgung unseres Körpers, doch wir müssen genauso für unsere psychische Gesundheit und Stimmung essen. Wenn gesundes Essen für Sie noch keine Gewohnheit ist, sind extrem stressige Zeiten nicht dafür geeignet, Ihren Speiseplan drastisch zu verändern. Es gilt, alles so einfach wie möglich zu halten und sicherzustellen, dass auf den Tisch (und in die Kühltruhe) kommt, was dem Gehirn guttut. Denken Sie an nahrhafte Speisen, die leicht zuzubereiten sind: Vollkornprodukte (Sie können gefrorenes Vollkorn-Pitabrot aufbacken und mit Hummus essen), Eier, Lachs, Avocado auf Haferflockenkeksen oder Toast, Lamm, Huhn, Gemüse wie Spargel, den man in Alufolie gewickelt im Ofen backen kann, gefrorene Erbsen, Baked Beans, Edamame, Bananen, Nüsse, Körner oder Joghurt. Sorgen Sie dafür, dass etwas Gesundes im Haus ist, und wenn Sie die Energie zum Kochen aufbringen, kochen Sie reichlich, damit Sie lang etwas davon haben.

Das Ziel sind, wo immer möglich, vollwertige, frische, farbenfrohe, unverarbeitete Lebensmittel. Vermeiden Sie Stimulanzien wie Zucker, Kaffee, Alkohol (seien Sie erbarmungslos ehrlich zu sich selbst: Wie beeinflussen diese Dinge Bewältigungsstrategien und Heilung?). Trinken Sie

Kräutertee statt Kaffee und Mineralwasser mit einer Pipette Blütenessenz wie Bachblüten statt Alkohol, Limonade und Cola. Wie Sie essen, ist auch von Bedeutung. Nehmen Sie sich Zeit und kauen Sie Ihr Essen gut. Essen Sie langsam und achtsam. Das verbessert nicht nur Ihre Verdauung und gibt Ihnen Gelegenheit, mit Genuss zu essen, sondern verschafft Ihnen auch ein Gefühl der Sättigung und Befriedigung.

 Die Saat ausbringen: Beurteilen Sie ehrlich, was funktioniert und was nicht, und handeln Sie entsprechend. Sorgen Sie dafür, dass die gesündeste Mahlzeit auch die einfachste ist, und kaufen Sie entsprechend ein. Wenn Energie, Klarheit oder Stimmung nachlassen, überlegen Sie, wann Sie das letzte Mal ein großes Glas Wasser getrunken oder etwas Nahrhaftes gegessen haben.

Bewegung für die psychische Gesundheit

Forschungen belegen, dass Bewegung jeder Art gegen Stress wirkt.[36] Da jeder etwas anderes mag, ist es in dieser Situation entscheidend, wo Sie sich gerade im Stress-Burn-out-Stadium befinden und dass Sie die Bewegungsform ausführen, an der Sie am meisten Freude haben. Vielleicht ist Ihnen der Sport, den Sie sonst treiben, jetzt zu anstrengend oder er erzeugt sogar Stress, wenn Sie an einem Burn-out leiden. Grundsätzlich kann jede Art von Bewegung Stress reduzieren – Kardio- und Krafttraining, meditative und kreative Formen wie Yoga, Pilates, Tai-Chi oder Tanz und sogar Alltägliches wie Staubsaugen oder Gartenarbeit. 150 Minuten moderates aerobes Training in der Woche gelten als gesund. Lassen Sie die richtig anstrengenden Sachen vorerst sein, es sei denn, sie fühlen sich durch sie wirklich besser. Ein Spaziergang in der Natur wirkt toll gegen Stress. Oder gehen Sie schwimmen. Das Wasser gibt Ihnen das Gefühl, getragen zu werden. Bewegen Sie sich abwechslungsreich und zwanglos – ohne zermürbende Work-outs – mit Freunden, zu Musik und mit vielen Pausen. Halten Sie die Einheiten kurz und verteilen Sie sie über den ganzen Tag. Und wenn Sie keine Kraft mehr haben, legen Sie sich auf den Boden und erholen Sie sich mit beruhigenden Dehnübungen – das ist es, was zählt.

 Die Saat ausbringen: Beobachten Sie, wie sich Bewegung auf Ihre Energie, Stimmung und mentale Klarheit auswirkt. Welche Bewegung kann Sie aus einem Tief retten? Unsere Bedürfnisse verändern sich ständig. Wählen Sie Ihre jeweilige Sportart also mit Mitgefühl und Verantwortung aus und bedenken Sie dabei, wie es Ihnen heute geht.

Denkweisen

Ihre Wahrnehmung von Stress

Wir haben schon über Stressmentalitäten gesprochen und darüber, wie unsere Einstellung die Wirkung von Stress beeinflusst. Versuchen Sie, so gut es geht, eine unvoreingenommene Sicht auf Stress zu pflegen. Statt sich darauf zu konzentrieren, welche Gefahren Stress mit sich bringen kann, wo wir scheitern oder das Leben schieflaufen könnte, denken Sie daran, wie Sie auf unterschiedliche Weisen gestärkt aus der Krise hervorgehen und was Sie aus ihr lernen können. Wir werden uns im Abschnitt über Veränderungen noch genauer mit posttraumatischem Wachstum befassen. Manchmal braucht es Zeit, um zu genesen und einen Silberstreif am Horizont zu erkennen. Aber es lohnt sich, dafür die Grundlagen zu schaffen.

> Bewegen Sie sich abwechslungsreich und zwanglos. Gehen Sie schwimmen. Wasser gibt Ihnen das Gefühl, getragen zu werden.

Wie Sie *Ihren eigenen Stress* wahrnehmen

Vergleichen Sie Ihre Probleme nicht mit denen anderer, es sei denn, das schützt Sie vor Selbstmitleid. Selbst zwei Menschen, die gerade dasselbe durchmachen, können dabei sehr unterschiedliche Erfahrungen machen – vielleicht erleben Sie gerade zum ersten Mal eine schwere Krankheit oder einen Verlust oder Sie werden an bereits Erlebtes erinnert. Vielleicht steht jemand anderes vor viel größeren Problemen, aber das macht Ihre nicht kleiner. Sie haben jedes Recht, in Ihrer Krise menschlich zu reagieren und die Auslöser zu bewerten. Dabei sollten Sie durchaus dankbar für alles Gute in Ihrem Leben sein, doch vernachlässigen Sie nicht Ihre Gefühle und Bedürfnisse. Davon haben weder Sie noch andere etwas. Vergleichen Sie nicht, wie Sie mit Ihrer Situation zurechtkommen und wie anderen das scheinbar gelingt. Wir können nur die Spitze des Eisbergs sehen. Es hilft auch nicht, während einer Krise an den Zustand von früher zu denken. Sie werden sich nicht immer so fühlen wie jetzt, seien Sie also nett zu sich und lassen Sie sich Zeit, um wieder so zu werden wie zuvor.

Wachstumsdenken, Fehler und Perfektionismus

Wenn Sie Ihr Denken auf Wachstum ausrichten, mit Ihren Unzulänglichkeiten Frieden schließen (hallo, Sie sind auch nur ein Mensch!) und Ihre Fehler annehmen, können Sie schwierige Erfahrungen leichter überstehen. Wachstumsdenken, ein Begriff, den Carol Dweck[37] prägte, heißt, zu verstehen, dass Fähigkeiten und Intelligenz sich entwickeln können, während statisches Denken davon ausgeht, dass Intelligenz, Stärken und Kreativität bleiben, wie wir sie in die Wiege gelegt bekommen haben. Das Wachstumsdenken lässt uns Schwierigkeiten, Fehler und Rückschläge als

Chancen erkennen und nicht als Bestätigung unserer Mängel. Die Wissenschaft zeigt, dass man immer noch etwas Neues lernen kann. Das zeigt sich in der Neuroplastizität[38], auf der das gesamte Buch fußt. Es gibt Bewältigungs- und Heilstrategien, die sich erlernen lassen. Unsere Anstrengungen bewirken etwas, wir können die Kontrolle übernehmen, wachsen und uns ein Leben lang weiterentwickeln. Machen Sie aus „ich kann nicht" „ich lerne gerade, zu ..." oder „ich kann noch nicht". Auch in dem Wort „noch" liegt eine große Kraft. Das klappt. Halten Sie durch.

Auch Ihre Einstellung zu Fehlern und Ihr Perfektionismus beeinflussen Ihren Stresslevel. Werfen Sie sich Ihre Fehler nicht vor. Was geschehen ist, ist Vergangenheit. Üben Sie sich stattdessen in Selbstvergebung. Sie können etwas Schlechtes getan haben, aber das macht Sie nicht gleich zu einem schlechten Menschen. Schuld fesselt uns an unseren moralischen Kompass, Scham drängt uns in die Defensive. Fragen Sie sich, was Sie aus einer Erfahrung gelernt haben und was Sie beim nächsten Mal anders machen werden. Fehler bieten die Gelegenheit, Mut zu beweisen. Wenn die Ideale, an denen Sie Ihre Leistungen messen, Sie lähmen, fragen Sie sich: Ist es nicht besser, etwas auf niedrigerem Niveau zu schaffen, als ein hohes Niveau anzustreben, das ich nicht erreiche? Schließlich ähnelt das Leben eher einem Marathon als einem Sprint. Sie sind nur ein Mensch und Ihre Ressourcen sind begrenzt. Ihr Tag hat nur 24 Stunden und dies ist nur eine Aufgabe von vielen. Passen Sie Ihre Erwartungen an, setzen Sie Prioritäten und handeln Sie wertorientiert. Lernen Sie, mit dem Unfertigen zu leben, und freuen Sie sich auf den Feierabend. Legen Sie den Stift hin und genießen Sie einen langen Seufzer. Die Arbeitszeit ist um, alles andere kann warten! Es ist an der Zeit, sich um Ihre Energiereserven zu kümmern.

Zeichnen Sie eine Life-Map

In turbulenten Zeiten kann es uns helfen, die verschiedenen Bereiche unseres Lebens separat zu betrachten, um die Dinge in den Griff zu bekommen. Wenn wir erkennen, was gut läuft, erdet uns das. In Krisen meinen wir oft, dass alles den Bach hinuntergeht, obwohl eigentlich nur ein oder zwei Bereiche unseres Lebens betroffen sind. Manchmal kommt es uns vor, als lebten wir in einer Abwärtsspirale, dann hilft es, daran zu denken, dass dieser Zustand wieder enden wird. Unsere Aufgabe in Krisenzeiten ist, mit unserer Energie zu haushalten, Unterstützung zu suchen und die Quelle unseres Stresses möglichst zu beseitigen. Eine Life-Map kann helfen, unsere Belastungsgrenzen zu erkennen und herauszufinden, wo wir unsere Energie und Aufmerksamkeit investieren sollten.

Bei dieser visuellen Übung können Sie so kreativ sein, wie Sie möchten. Nehmen Sie ein großes Blatt Papier, einen Stift und kartieren Sie die wichtigen Bereiche Ihres Lebens. Das sieht bei jedem anders aus, aber vielleicht kommen Familie und Beziehungen, Studium, Arbeit, persönliches Wachstum, Freizeit, Lernen, soziale Bindungen, Haushalt, Gemeinschaft, Gesundheit, Ausfallzeiten, Finanzen und Spiritualität darin vor. Stellen Sie das dar, wie Sie wollen, in Bildern oder Worten, nutzen Sie Farben und heben Sie hervor, worum Sie sich kümmern wollen. Notieren Sie Sorgen und Ängste. Betrachten Sie die Lebensbereiche, die gut laufen. Seien Sie dankbar und klopfen Sie sich für Ihre Leistungen auf die Schulter. Markieren Sie auf der Karte die Ursachen für Ihren Stress oder Burn-out. Wenn Sie dabei Probleme entdecken, die gar nicht Ihre sind, oder Sorgen, die Sie sich nicht mehr machen wollen, genießen Sie es, diese durchzustreichen.

Stress & Burn-out

Diese Energie- und Zeitfresser brauchen Sie nicht mehr. Bei Dingen, die Ihre Aufmerksamkeit erfordern, ist die entscheidende Frage: Kann ich daran etwas ändern? Diese Frage bestimmt unseren Aktionsplan.

Ihr Aktionsplan als Flussdiagramm

KANN ICH DARAN ETWAS ÄNDERN?

JA   NEIN

Fragen, über die Sie nachdenken können:

1. Ist das für mich wichtig und warum?

2. Ist das unverzichtbar? Kann ich Nein sagen? (Denken Sie genauer über „muss", „müsste" oder „sollte" nach.)

3. Ist es dringend? Muss das wirklich jetzt erledigt werden?

4. Bin ich allein dafür verantwortlich oder auch andere? Kann ich einen Teil der Verantwortung abgeben?

5. Kann nur ich etwas an dieser Lage ändern oder kann ich um Hilfe bitten oder etwas delegieren?

6. Was motiviert oder inspiriert mich? Ich kann energetische Blockaden lösen, indem ich an dieser Stelle beginne.

Schreiben Sie nun auf der Basis dieser Fragen auf: WAS ICH TUN KANN, sortieren Sie das nach Wichtigkeit, Dringlichkeit und Verantwortung und planen Sie machbare Aktionsschritte, darunter auch die Bitte um Hilfe und die Sorge um Ihre Gesundheit.

Optionen:

Fallen lassen – Das brauchen Sie nicht mehr. Es lässt sich nicht durch Mühe, Wille, Wunsch oder Sorge ändern. Konzentrieren Sie sich lieber auf etwas anderes.

Die herzzerreißende Wahrheit akzeptieren – Vielleicht gibt es für Sie nichts Wichtigeres, deshalb können Sie es nicht einfach loslassen, aber ändern können Sie daran auch nichts. Hier beginnt das Trauern.

Überlegen, wer helfen kann – Wenn Sie nichts tun können, wer dann? Wenn Ihnen jemand einfällt, bitten Sie ihn um Hilfe.

Herausfinden, wie Sie spürbar eingreifen können – Wenn Sie das Ergebnis nicht beeinflussen können, was können Sie tun, um auf dem Weg dahin etwas zu ändern?

Denken Sie daran: Manchmal braucht man beim Problemlösen eine Pause. Selbst wenn die Sorgen noch da sind, schaffen Sie sich Zeit, um loszulassen, die Last abzulegen und die Batterien aufzuladen – und sei es nur für eine Minute. Eine kleine Auszeit könnte genau das sein, was Sie brauchen, um danach wieder kreativ zu sein. Dankbarkeit kann eine willkommene Abwechslung zum Troubleshooting sein. Denken Sie daran, was gut gelaufen oder – noch einfacher – erledigt ist. Wenn Sie schon lang unter Stress stehen, führen Sie sich vor Augen, wie weit Sie es schon geschafft und was Sie überstanden haben. Würdigen Sie das bei sich, wie Sie es bei einem guten Freund tun würden, denn Sie verdienen dieselbe Anerkennung. Suchen Sie nach den Geschenken des Lebens. Das kann das Dach über dem Kopf sein, die tiefe Liebe, die Ihnen entgegengebracht wird, oder die unglaublich kostbare Zeit, die Sie erleben durften. Denken Sie darüber nach.

Aufs Wesentliche beschränken

Wenn Sie es leid sind, Entscheidungen zu treffen, dann reduzieren Sie die Anzahl der täglichen Entscheidungen. Legen Sie sich kleine Rituale zu, bewahren Sie etwa den Schlüssel immer am selben Platz auf, stellen Sie ein paar Outfits für die Arbeit zusammen, die Sie abwechselnd tragen, legen Sie eine Zeit für Sport fest, bestimmen Sie feste Ausgehtage, haben Sie immer zwei Frühstücksvarianten im Kühlschrank, planen Sie, was es am nächsten Tag zu essen gibt, oder bereiten Sie das sogar schon vor, und kochen Sie im Wechsel fünf unterschiedliche Abendessen. Das lässt Ihnen mehr Raum für schwierigere Entscheidungen. Die gesunde Variante steht immer schon bereit, Versuchungen werden in Schach gehalten, Routinen befolgt, und Sie können sich um Ihr zukünftiges Ich kümmern. Das soll kein langweiliges Leben ohne Abwechslung sein. Aber solche Routinen sind vernünftig, gerade wenn viel ansteht.

Zeit für Sorgen

In Krisenzeiten ist es normal, sich Sorgen zu machen, und es wäre unmenschlich, Ihnen zu sagen, Sie sollen das lassen. Wir müssen aber unsere Sorgen eingrenzen, sodass sie uns nicht auffressen. Es kann hilfreich sein, eine feste Zeit und Dauer zu bestimmen, in der wir uns ausschließlich unseren Sorgen widmen. Während Sie das tun, wenden Sie einen Akupressurtrick an: Legen Sie Ihren Daumen locker in die Handfläche der anderen Hand, legen Sie die Hand locker um den Daumen. Welche Hand das ist, ist egal. Seien Sie hier, spüren Sie die Berührung und Ihren Atem und seien Sie mitfühlend mit sich selbst. Natürlich fühlen Sie sich so, wie Sie es gerade tun. Jedem in Ihrer Lage würde es so gehen. Wenn Ihr Denken in eine Abwärtsspirale gerät, denken Sie an andere Möglichkeiten, nicht nur an das Worst-Case-Szenario, sondern an die wahrscheinlichste und die bestmögliche Lösung des Problems. Werden Sie aktiv und notieren Sie mögliche Lösungen für jede Ihrer Sorgen. Wenn Sie die Aussicht, sich durch Ihre Sorgen zu arbeiten, überfordert, suchen Sie einen Freund, der Ihnen Sicherheit bietet. Nutzen Sie Ihre Tools aus dem Abschnitt über Denkweisen, damit Sie wissen, wie Sie aktiv etwas bewirken können.

Wenn die Sorgen auch außerhalb dieser Zeit auftauchen, denken Sie daran, dass Sie sich später darum kümmern, aber jetzt nicht. Sorgen können hartnäckig sein, deshalb sind manchmal wirksame Ablenkungen gut – Hauptsache, sie sind lebensbejahend. Machen Sie einen Spaziergang und schwingen Sie dabei die Arme, das hebt die Stimmung. Gehen Sie in der Natur spazieren, nutzen Sie ein Mantra, lesen Sie ein spannendes Buch oder formulieren Sie Ihre Sorgen in einem Gebet.

Rituale für die Schlafenszeit

Das Mantra ist „Schlaf für psychische Gesundheit", doch wir wissen alle, wie Stress und Burn-out das verhindern können. Bereiten Sie dem Schlaf den Weg und lassen Sie ihn kommen, wann er will – wir können uns nicht zum Schlafen zwingen. Es hilft, den Tag hinter sich zu lassen, bevor man ins Bett geht. Befreien Sie Ihren Geist mit Ihren Denkweisen-Tools und bereiten Sie Ihren Körper mit dieser beruhigenden Sequenz vor. Setzen Sie sich an einem ruhigen Ort auf einen weichen Platz.

1. Setzen Sie sich in den Schneidersitz, die Hände liegen auf den Knien. Kreisen Sie sechs Runden mit Ihrem Oberkörper gleichmäßig aus der Hüfte heraus, wechseln Sie dann die Richtung. Ist der Schneidersitz zu unbequem, legen Sie sich auf den Boden, ziehen die Beine an, fassen die Knie und lassen die Oberschenkel kreisen.

2. Sich drehen und vorbeugen regt die Verdauung an und entlastet Becken und Wirbelsäule. Setzen Sie sich aufs Gesäß, strecken Sie das rechte Bein nach vorn aus und ziehen Sie den rechten Fuß zum Körper heran. Beugen Sie das linke Knie und legen Sie die Fußsohle auf Höhe des rechten Knies ab, sodass das linke Knie zur Seite fällt. Beim Einatmen strecken Sie die Arme nach oben und verlängern die Wirbelsäule. Beim Ausatmen drehen Sie den Oberkörper nach links, legen Ihre rechte Hand auf das linke Knie und setzen die linken Fingerspitzen auf den Boden hinter sich. Bleiben Sie sechs Atemzüge in dieser Drehung. Beim nächsten Einatmen drehen Sie sich zur Mitte und heben die Arme, beim Ausatmen beugen Sie sich vor und umfassen sanft die rechte Wade oder den Fuß. Lassen Sie sich ohne Anstrengung in diese Vorbeuge sinken und verweilen

Sie dort sechs Atemzüge. Richten Sie sich langsam auf. Wiederholung zur anderen Seite.

3. Kommen Sie in den Vierfüßlerstand und schaukeln Sie etwas hin und her. Ziehen Sie das rechte Knie zur rechten Hand und den rechten Fuß vor die linke Hüfte. Schieben Sie den linken Fuß langsam nach hinten. Richten Sie Ihr Becken aus, legen Sie die Unterarme auf den Boden und lassen Sie den Kopf zum Boden sinken. Sie können ihn mit einer oder zwei Fäusten stützen, wenn Sie den Boden nicht erreichen. Spüren Sie, wie gut es sich anfühlt, die Stirn zu erden. Lassen Sie die Beine weich werden, entspannen Sie das Gesäß und verlängern Sie das Ausatmen. Wechseln Sie nach fünf bis zehn Atemzügen die Seite.

4. Kommen Sie zurück in den Vierfüßlerstand und schwingen Sie noch etwas. Spüren Sie dabei, wie sich Ihre Hüfte soeben geöffnet und gelockert hat. Legen Sie sich nun auf den Bauch und erden Sie die Körpervorderseite. Legen Sie den Kopf mit der Stirn oder Seite auf den übereinanderliegenden Händen ab. Wenn Sie ihn auf die Seite legen, wechseln Sie zwischendurch die Richtung, damit der Hals gleichmäßig entlastet wird. Spüren Sie, wie der Atem sich in den Rücken verlagert. Bleiben Sie zehn Atemzüge oder länger so liegen. Wenn es Ihnen lieber ist, können Sie auch auf dem Rücken liegen. *Es gibt nichts zu tun. Man muss nirgendwo anders sein.*

 Die Saat ausbringen: Haben Sie bemerkt, wie viel besser Sie nach einer kleinen Dehnung oder in frischen Laken schlafen? Welche anderen Dinge lassen Sie besser schlafen? Schreiben Sie sie auf. Was verändert sich in Ihrem Leben noch, wenn Sie besser schlafen?

Die Mutter aller Stresskiller ... aufbauend und entspannend

Nachdem wir Übungen zur Entwicklung der Achtsamkeit und der Lockerung der Körpermuskeln vorgestellt haben, kommen wir jetzt zum schweren Geschütz ... Beine hoch an die Wand. Daran ist nichts Kuscheliges. In der Ersten Hilfe werden Patienten unter Schock in diese Lage gebracht. Dies ist eine zutiefst heilsame Übung, weil sich der Blutfluss zu den wichtigen Organen verändert. Die Übung ist auch eine gute Alternative zu einem Schläfchen, denn es herrscht kein Druck einzuschlafen und der Effekt stellt sich schon nach fünf Minuten ein. Wenn für alles, worum Sie sich kümmern, gesorgt ist, und Sie sich wohlfühlen, ist es ein Bonus, wenn Sie einnicken. Vielleicht brauchen Sie einen Wecker.

Sorgen Sie für Zeit und einen Ort, an dem Sie ungestört sind. Idealerweise haben Sie 20 Minuten für diese Übung, aber es reichen auch nur ein paar Minuten. Nehmen Sie sich vor, die vollkommene Abwesenheit von Mühe, Streben und Tun zu genießen. Nehmen Sie eine Decke, ein Augenkissen, wenn Sie eines haben, und ein Kissen. Setzen Sie sich auf den Boden seitlich vor eine Wand. Legen Sie sich auf den Rücken und schieben Sie die Beine an der Wand hoch. Bringen Sie das Becken so nah an die Wand, dass die Beine ganz daranliegen. Wenn das zu sehr in den Oberschenkeln zieht, machen Sie die Übung auf dem Boden vor einem Sessel oder Sofa und legen Sie die Unterschenkel auf die Sitzfläche. Dabei dehnen Sie sich weniger, aber der Erholungseffekt ist derselbe. Es soll angenehm sein. Legen Sie sich das Kissen unter den Kopf und decken Sie sich zu, damit Ihnen schön warm ist. Legen Sie das Augenkissen auf, um sich nicht ablenken zu lassen. Zudem wirkt das Gewicht des Kissens beruhigend.

Es gibt nichts zu erreichen. Lassen Sie Gedanken, Erinnerungen und Gefühle kommen und gehen, wie sie wollen. Sie müssen Ihren Geist nicht freimachen, vertiefen Sie sich aber auch nicht in Ihre Gedanken. Sollte das dennoch passieren, seien Sie nicht streng mit sich. Lenken Sie Ihre Gedanken wieder auf die Entspannung Ihres Körpers, den Boden, der Sie trägt, und Ihren Atem. Spüren Sie Dankbarkeit für Organe, Gehirn, Herz, Haut, Hände, Beine, Wirbelsäule, Ihre ruhige, beständige Mitte. Es geht nicht ums Aussehen, sondern um die tiefe Erkenntnis, dass jemand anderes den Körper lieben würde, mit dem Sie gesegnet sind. Bleiben Sie bei Ihrem Atem, spüren Sie ein Gefühl der Wertschätzung, das Sie reinigt und wieder auflädt. Verweilen Sie so lange, wie es die Zeit erlaubt und Sie sich wohlfühlen.

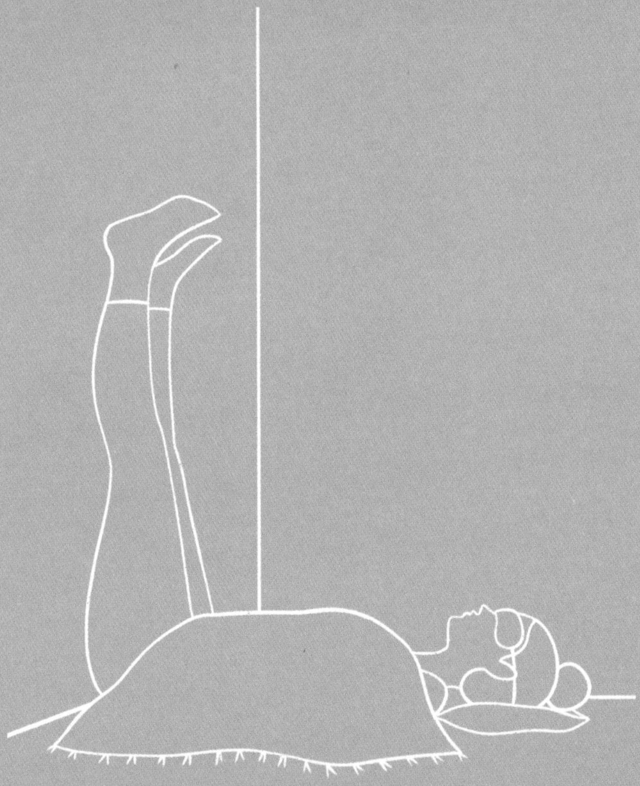

 Die Saat ausbringen: Wirkt es sich auf Ihr Leben aus, dass Sie Entspannungstechniken erlernen? Können Sie akzeptieren, dass es Zeiten zum Ausruhen und zum Wach- und Aktivsein gibt? Können Sie besser erkennen, wer es allen recht machen will, wer zu viel will und ein zerstörerisches Verhalten an den Tag legt? Können Sie netter zu sich sein? Ist Ihnen nach einer Ruhepause klarer, was für Sie am meisten zählt?

Stress & Burn-out

WERKZEUGE

Beim Heilungsprozess achte ich auf meine Energiereserven:

- Schlafe ich ausreichend? Oder muss ich erst *Ruhe für mehr Widerstandskraft finden,* bevor ich wieder gut schlafen kann? Fehlt mir die Zeit zum Ausruhen, kann ich stattdessen *gut atmen und mich besser fühlen.*
- Kümmere ich mich gut um meine Stimmung und mentale Klarheit?
- Bewege ich mich, um einen gesunden Körper zu haben?
- Erhole ich mich in der Natur?
- Pflege ich meine sozialen Verbindungen?
- Kenne ich mein Ziel? Was ist mir im Moment am wichtigsten?
- Habe ich liebevoll mein Inneres betrachtet?

Wenn ich gestresst bin, ...

- bin ich nett zu mir. Vorwürfe machen die Last nur noch schwerer.
- suche ich Entschleunigung, begleiche ein paar mentale Rechnungen und starte neu.
- spüre ich meinen Atem und lenke ihn in meinen Bauch.
- stehe ich aufrecht, rolle meine Schultern und nutze meine persönliche Kraft.
- massiere ich meine Schläfen und starte neu.
- frage ich mich „Was kann ich daran ändern?" und richte meine Energie und Aufmerksamkeit entsprechend aus.
- denke ich an etwas, worauf ich mich sehr freue, oder stelle mir etwas Angenehmes vor. Das könnte so etwas Schlichtes sein wie heute Abend ins Bett zu gehen.

Wenn ich mich in einer Krise befinde, ...

- kläre ich das Problem, indem ich aufschreibe, was passiert ist.
- zeichne ich eine Life-Map und erkenne, welcher Lebensbereich betroffen ist und wo es gut läuft.
- beobachte ich meine Gefühle.
- suche ich Hilfe. Ich erkenne, wer in meinem Team ist, und melde mich.

- setze ich meine Selbstfürsorgestrategien ein, um meine Energie wieder aufzuladen, und ergänze mein Toolkit.
- minimiere ich Ersatzhandlungen, weil ich weiß, dass sie mir langfristig nicht helfen.
- denke ich allein oder mit einem Partner über Lösungen nach, erkenne Hindernisse und Möglichkeiten, diese zu überwinden, und erstelle einen umsetzbaren Aktionsplan.

Wenn ich erschöpft bin, ...

- finde ich heraus, wo ich stehe, und werde aktiv, um mich zu erholen.
- nutze ich Düfte, Musik, Farben oder die Natur zur Belebung.
- nutze ich Berührungen, um mich zu stärken und zu beruhigen.
- sorge ich dafür, dass ich genug Nahrhaftes esse und trinke.
- plane ich Zeit für Ruhe ein oder mache sofort ein paar Dehnübungen.
- plane ich, früh ins Bett zu gehen, und nutze mein Abendritual, um richtig zur Ruhe zu kommen.
- nehme ich ein Mantra zur Hilfe: „Ich lasse mich in diesen Augenblick sinken, ich weiß mich zu schätzen.

Das wird vorübergehen. Ich gestatte mir, zu ..."

Wenn ich nicht schlafen kann, ...

- massiere ich meine Füße mit Magnesiumöl.
- atme ich ruhiger und verlängere die Ausatmung.
- spanne ich meine Muskeln an und lockere sie wieder, damit ich mich tief entspannen kann.
- lasse ich mich in herrliche Stille sinken und erinnere mich daran, dass ich mich nicht nur im Schlaf erholen kann – Entspannung ist genauso gut. Außerdem genieße ich das Wissen, dass gerade nichts von mir erwartet wird.
- lenke ich mich von der Sorge, dass ich nicht schlafen kann, mit Erinnerungen an einen glücklichen Moment ab.
- durchforste ich alles in meinem Leben, wofür ich dankbar bin.
- wenn ich mich nicht entspannen kann, stehe ich auf und tue etwas Beruhigendes wie Dehnübungen auf dem Fußboden, eine geführte Meditation hören oder Yoga Nidra (ich verbringe meine Zeit nicht mit irgendwelchen Medien, Sorgen oder Arbeit; jetzt ist Ruhezeit).

TEIL ZWEI

Verlust & Trauer

Auf unserer Reise durchs Leben erleben wir unvermeidlich Verluste; Trauer ist ein natürlicher Teil des Heilungsprozesses. Generell kann man sagen, dass Verlust das Ende einer Sache ist, die wir schätzen, oder dass uns etwas oder jemand genommen wurde. Trauer ist eine Flut von Gefühlen, mit denen wir auf den Verlust reagieren.

WANN SPÜREN WIR VERLUST & TRAUER?

Kommt die Sprache auf Trauer, denken wir sofort an Krankheit, den Tod eines geliebten Menschen, eine zerbrochene Beziehung, Scheidung, Jobverlust oder finanzielle Verluste. Es gibt jedoch noch viele andere Lebensumstände, die dieses Gefühl hervorrufen, und das können auch positive und selbst gewählte Veränderungen sein, etwa ein Jobwechsel, Kinder bekommen, Ruhestand oder ein Umzug ins Ausland. Man kann um eine verlorene Kultur, Zeit, einen Ort, ein Streben oder eine Inkarnation seiner selbst trauern, seien sie echt oder nur vorgestellt. Die Anerkennung des persönlichen Verlusts kann zur Heilung beitragen. Andere Arten von Verlust umfassen Sicherheit, Identität, Autonomie und Hoffnungen für die Zukunft.

» Sicherheit – Ist unser emotionales, mentales oder körperliches Wohl durch ein Verbrechen oder Trauma, finanzielle Probleme, Zerbrechen der Familie oder Betrug bedroht, betrauern wir den Verlust unseres Sicherheitsempfindens.

» Identität – Wenn wir Eltern werden, die Kinder in die Schule kommen oder ausziehen, ein Job (auch Beförderung), ein Ehrenamt oder eine Beziehung beginnt oder endet, wenn wir umziehen, das Studium beenden und ausziehen, nach einer Diagnose oder einer Behandlung wie einer Mastektomie ändert sich unser Identitätsempfinden und vielleicht trauern wir um eine verlorene Rolle oder ein Selbstgefühl. Das trifft nicht nur dann zu, wenn uns ein Teil unserer Identität genommen wurde, sondern auch, wenn wir freiwillig neue Wege gehen.

» Autonomie – Wir können um den Verlust unserer Selbstständigkeit trauern, wenn wir alt oder krank werden, wenn wir Eltern, Großeltern oder Pflegende werden, wenn wir beruflich nicht weiterkommen oder unsere finanziellen Möglichkeiten beschränkt sind.

» Zukunftsvorstellungen – Wir trauern um den Verlust von Hoffnungen und der Zukunft, die wir uns vorgestellt haben – aufgrund von Fehlgeburt, Unfruchtbarkeit, dem Ende einer Sportlerkarriere, Entlassung, dem Versuch, nach dem Studium eine Karriere zu beginnen, Karrieren, die nicht wunschgemäß verlaufen, Veränderungen des politischen Klimas, weil wir in ein anderes Land ziehen oder eine Gemeinschaft verlassen. Ob es sich dabei um unfreiwillige oder selbst gewählte Veränderungen handelt – Sie haben das Recht, um das zu trauern, was Sie aufgeben.

Wie sehen Trauer und Verlust aus und wie werden sie empfunden?

Ob wir auf einen Verlust vorbereitet sind oder er uns unerwartet plötzlich oder allmählich ereilt – Trauer kann eine schmerzhafte, erschöpfende und verwirrende Erfahrung sein. Trauer ist vielfältig und kann beginnen, wenn wir einen Verlust erwarten und uns vorbereiten können, oder sie kann uns ohne Vorwarnung treffen. Welche Variante leichter zu verkraften ist, lässt sich nicht sagen, und Vergleiche helfen selten weiter. Kein Verlust ist wie der andere, ebenso wenig wie eine heilende Reise durch die Trauer der einer anderen Person gleicht. Ihr Verlust ist Ihr Verlust und Sie haben ein Recht auf Ihre Gefühle. Es gibt kein „Richtig" oder „Normal", Trauer ist ganz individuell. Wie lange sie dauert, hängt von der Art des Verlusts ab, den Umständen und der verfügbaren Unterstützung. Trauer lässt sich weder umgehen noch abkürzen.

Wir müssen geduldig sein, während wir unseren eigenen Umgang mit Verlust erleben, um Hilfe bitten und möglichst gesunde Lebensentscheidungen treffen. Mit der Zeit wird es besser, besonders wenn wir von der Liebe und Unterstützung der Menschen um uns gestärkt werden, selbst wenn wir das Gefühl haben, wir und die Welt hätten sich für immer verändert.

Im frühen Stadium der Trauer fühlt man, was man nie zuvor erlitten hat. Trauer kann uns aus der Bahn werfen und wie ein Jetlag sein, man fühlt sich wie betäubt. Die Zeit kann ihre Bedeutung verlieren. Vielleicht fühlen Sie sich, als seien Sie gar nicht in Ihrem Körper, und beobachten sich aus der Ferne. Sie stolpern wie in Zeitlupe durch diesen seltsamen Zustand. Trauer kommt oft in Wellen mit vielen unterschiedlichen, oft unerwarteten Gefühlen – Traurigkeit, Wut, Ablehnung, Schuld, Feindseligkeit, Einsamkeit, aber auch Dankbarkeit, Liebe, Demut und Wertschätzung. Trotz des Schmerzes kann Trauer den Weg zu einer persönlichen Entwicklung und einer neuen Wertschätzung des Lebens bereiten. In diesem Ozean der Gefühle können die Wellen am Anfang gewaltig sein, doch mit der Zeit werden sie kleiner, tauchen seltener auf und hinterlassen weniger Schaden. Mit Achtsamkeit und Mitgefühl können wir lernen, uns weniger heftig von ihnen überrollen zu lassen. Manche Leute beschreiben Verlust als ständiges Pochen, als bleibendes Bewusstsein, dass etwas fehlt. Andere empfinden ihn anfänglich als tiefen Einschnitt, der mit der Zeit erträglicher wird.

Vielleicht kennen Sie die fünf Stadien der Trauer, wie sie Elisabeth Kübler-Ross beschreibt[39] – Leugnen, Zorn, Verhandeln, Depression und Zustimmung. Damit lassen sich die unterschiedlichen Arten der Trauer verstehen, aber sie verlaufen nicht immer gleich. Einige Menschen durchleben nicht alle Zustände und sie tauchen auch nicht in einer festgelegten Reihenfolge auf. Der Weg durch die Trauer ist nicht gerade. Manchmal ist sie ganz intensiv, dann folgen wieder ruhigere Zeiten. Besondere Gedenk- und Feiertage lassen die Trauer größer werden, und etwas zum ersten Mal allein zu tun, kann herzzerreißend sein.

Trauer kann alle Bereiche unseres Seins betreffen und sich mental, emotional, körperlich oder sozial zeigen. Sie kann die Stimmung, den Blick auf die Welt, Gedächtnis, Konzentrationsvermögen und klares Denken beeinflussen. Wir erleben eine Unzahl von Gefühlen wie Schock, Wut, Unglauben, Angst und Verzweiflung, tiefe Liebe und Dankbarkeit. Weinen ist eine ganz normale Reaktion, aber auch nur eine von vielen. Sie dürfen, aber Sie müssen nicht weinen, um die Tiefe Ihrer Gefühle zu zeigen. Trauer kann sich auch auf Energie, Appetit, Schlaf und Immunsystem auswirken und zu Übelkeit und Schmerzen führen. Sie beeinflusst unser soziales Leben und den Umgang mit anderen. Viele ziehen sich zurück, andere haben Angst, allein zu sein. Auch die Beziehungsdynamik wird von Trauer beeinflusst. Es ist nicht ungewöhnlich, zu glauben, man verliere den Verstand. Man fühlt sich verloren, deprimiert, frustriert, missverstanden, ambivalent und bedauert Dinge, die man getan oder nicht getan hat, gesagt oder nicht gesagt hat. Man möchte fliehen oder sich ganz klein machen. Trauer kann extrem anstrengend und verwirrend sein. Sie kann aber auch dazu führen, dass man sich plötzlich öffnet und weiterentwickelt. All das kann gleichzeitig passieren.

Zu trauern ist schwierig, weil der Verlust als solcher schwer zu begreifen ist und die Gesellschaft zugleich unrealistische Erwartungen daran hat, wie Menschen mit einer derart einschneidenden Veränderung umgehen sollen. Der Druck, „drüber wegzukommen" und verschiedene Lebensbereiche mehr zu genießen, als wir das tun, macht es noch schwerer, die Trauer zu ertragen. Nun, da meine Kinder älter werden, kann ich verstehen, warum man immer wieder die lächerliche Aufforderung hört, man solle „jede Minute genießen". Alle Eltern kleiner Kinder wissen, was für ein Unsinn das ist. Es gibt viele Erfahrungen wie diese und wir müssen uns das Recht zurückerobern, die ganze Bandbreite von Gefühlen zu durchleben, und uns dem Druck widersetzen, Verluste schnell hinter uns zu lassen und schnell wieder glücklich zu sein.

Verlust & Trauer

Obwohl Verlust und Trauer Erfahrungen sind, die jeder durchlebt, wird wenig darüber gesprochen. Das Thema gilt als unangenehm. Viele Menschen wissen nicht, was sie sagen oder tun sollen. Auch mit den besten Absichten sagt man schnell etwas Falsches, und bevor wir Schaden anrichten, sagen wir lieber gar nichts. Wir alle haben unsere persönlichen Erfahrungen mit Verlusten. Das heißt aber nicht, dass wir wissen, welche Art von Unterstützung jemand anders gern hätte. Wir können mutig sein und nachfragen – wir können um die Hilfe bitten, die wir brauchen, und die Trauernden fragen, was wir für sie tun können. In manchen Kulturen gibt es feste Regeln für den Umgang mit Verlusten, aber die meisten von uns kennen kaum Rituale, die uns durch diese Zeit helfen. Wir müssen nicht nur lernen, mit den eigenen Gefühlen zurechtzukommen, sondern auch andere lehren, mit Trauer und ihren emotionalen Reaktionen darauf umzugehen. Die Vorstellung, dass es „gute" und „schlechte" Emotionen gibt, kann Trauer krankhaft, angsteinflößend und unerträglich erscheinen lassen und nicht wie eine normale Reaktion. Und selbst wenn Trauer normal ist, heißt das nicht, dass wir keine Hilfe benötigen, um sie zu überwinden. Ein besseres Verständnis von emotionaler Gesundheit und das Rüstzeug, um solche schwierigen Gefühlslagen zu bewältigen, würden uns allen guttun. Das ist natürlich nicht einfach, aber je offener wir uns mit anderen austauschen, desto mehr lernen wir und unsere Familie dazu und die Lage ändert sich zum Besseren.

Wie Sie den Trauerprozess bewältigen

- Gehen Sie freundlich mit sich um und denken Sie daran, dass Sie sich nicht immer so fühlen werden.

- Erkennen Sie die Schwere Ihres Verlusts an.

- Gestatten Sie sich Ihre Gefühle und erkennen Sie, dass es viele unterschiedliche und unerwartete Emotionen gibt.

- Setzen Sie sich nicht unter Druck. Es gibt keine „richtige" Art zu trauern und keine Zeitvorgaben.

- Bitten Sie um Unterstützung und benennen Sie, was Ihnen wirklich helfen würde.

- Behalten Sie Ihre Energiereserven (siehe Seite 114) im Blick, nutzen Sie die Erholungspraktiken aus dem Kapitel über Stress, um Ihre Nerven zu beruhigen, und die Übungen in diesem Kapitel, um Ihre Emotionen zu durchleben.

- Nehmen Sie professionelle Hilfe in Anspruch, wenn es Ihnen schwerfällt, Ihr Leben und sich selbst neu zu strukturieren.

Nehmen Sie professionelle Hilfe in Anspruch, ...

» wenn Sie nicht wissen, wie Sie mit Ihren Gefühlen umgehen sollen, und Unterstützung und Bewältigungsstrategien brauchen.

» wenn Sie nicht mehr da sein wollen.

» wenn Sie befürchten, depressiv zu sein. Es kann sehr schwierig sein, den Unterschied zwischen Depression und Trauer festzustellen. In Trauerzeiten erlebt man immer noch Augenblicke der Freude und des Vergnügens. Bei einer Depression können Verzweiflung und Leere dauerhaft sein. Fragen Sie Ihren Arzt um Rat, suchen Sie eine Trauerberatung auf oder schließen Sie sich einer Selbsthilfegruppe an.

» wenn Sie sich von Schuld erdrückt fühlen.

» wenn die Gedanken an den verlorenen Menschen, die Angst vor dem eigenen Tod oder dem Verlust anderer überhandnehmen.

» wenn Sie sich mehr als ein paar Wochen abgestumpft oder von anderen abgeschnitten fühlen.

» wenn Sie Ihre täglichen Aufgaben nicht mehr bewältigen können.

WELCHES ZIEL HABEN WIR? EMOTIONALE GESUNDHEIT

Um mit seiner Trauer zurechtzukommen, hilft es, einen Blick auf die Bausteine emotionaler Gesundheit zu werfen. Emotionale Gesundheit ist die Fähigkeit, emotionale Erfahrungen zu verstehen und auf sie reagieren zu können.[40] Das heißt nicht, dass man immer glücklich sein muss. Es geht auch nicht darum, unangenehme Gefühle auszuschalten. Es ist die Fähigkeit, die gesamte Bandbreite von Gefühlen zu erleben und zu akzeptieren. Wohlbefinden hängt davon ab, ob wir unsere Gefühle wahrnehmen – auch die unangenehmen –, und dann verantwortungsvoll mit ihnen umzugehen. Im Zentrum der emotionalen Gesundheit steht die Einsicht, dass alle Gefühlslagen ihren Zweck haben und dass es keine „negativen" oder „positiven" Emotionen gibt – es sind einfach Emotionen. Gefühle dienen als Boten und veranlassen uns, zu handeln. Wut lässt uns angesichts einer Bedrohung aktiv werden, um uns und diejenigen, um die wir uns kümmern, zu schützen. Angstgefühle sorgen für unsere Sicherheit und warnen uns vor möglichen Gefahren. Einsamkeit fordert uns auf, wieder Kontakt zu suchen. Traurigkeit ist der Ausdruck von Verlust und die Aufforderung, uns um unsere Wunden zu kümmern. Schuld erinnert uns daran, uns unsere moralischen Grundsätze bewusst zu machen. Wir brauchen unsere Wahrnehmung, um die Gefühle zu erkennen und entsprechend aktiv zu werden – die Signale können sich uns als Körpertemperatur, Hunger, Herzschlag, Muskelspannung oder Schmerzen mitteilen. Dann müssen wir genau hinsehen und entscheiden, ob es sich um Angst oder Aufregung handelt oder ob wir einfach etwas essen müssen.

Emotionale Gesundheit bedeutet, dass wir auf unsere Gefühle achten und sie zulassen. Aussuchen können wir uns hingegen, ob wir aktiv auf sie reagieren. Gefühle haben eine energetische Ladung – sie lassen sich nicht auslöschen. Stellen Sie sich den körperlichen Impuls vor, wenn Sie etwas Lustiges sehen. Ihr Körper ist darauf ausgerichtet, zu lächeln, was Sie an den Mundwinkeln spüren, Ihre Augen verengen sich, vielleicht spüren Sie, wie ein Lachen aus Ihnen hervorbricht. Wenn Sie versuchen, diesen Vorgang aufzuhalten, bleibt die Energie dennoch erhalten. Genauso ist es mit dem Ausdruck von Betrübtheit und Trauer. Gefühle zu verleugnen, zu betäuben oder sich von ihnen abzulenken ist anstrengend, führt zu Stress, Schmerzen und Verspannungen im Körper und hält uns davon ab, verantwortungsvoll im Jetzt zu leben. Wir können unsere Gefühle betäuben, aber das funktioniert nicht nur in eine Richtung. Wenn wir die schmerzlichen Emotionen unterdrücken, lassen wir auch die schönen nicht mehr zu. Die gesunde Lösung ist, alle Gefühle anzunehmen und achtsam und mitfühlend darauf zu reagieren.

Emotionen haben eine energetische Ladung – sie lassen sich nicht auslöschen.

Unmittelbar auf Gefühle reagieren

1. Ich bemerke ein Gefühl. Kann ich ihm erlauben, da zu sein, und neugierig darauf sein, aus welchem Teil meines Körpers diese Information kommt? Kann ich es einfach aushalten, ohne reflexhaft aktiv zu werden? Welche Botschaft übermittelt dieses Gefühl?

2. Ist das Gefühl den Umständen angemessen? Ist die Botschaft angemessen?

3. Entspricht die Intensität des Gefühls der Situation?

4. Wie könnte ich auf das Gefühl reagieren? Hilft mir das Gefühl, mein derzeitiges Ziel zu erreichen, oder hindert es mich daran? Nehmen Sie sich Zeit, bis sich die emotionale Ladung verflüchtigt, und handeln Sie erst dann.

Bewältigungsstrategien bei Verlust und Trauer

Emotionen – Lassen Sie Ihre Gefühle zu, erkennen Sie sie an, drücken Sie sie aus und durchleben Sie sie.

Besänftigung – Seien Sie freundlich und mitfühlend zu sich selbst, handeln Sie liebevoll und tröstend.

Verbundenheit – Sie hilft, die Wunden von Verlust und Trauer zu heilen.

Dankbarkeit und Wertschätzung – Sie können den Schmerz transformieren.

HEILEN IN ZEITEN DES VERLUSTS – DAS KANN ICH TUN

SCHLAF, RUHE, ENTSPANNUNG & ATEM – Beruhigende Praktiken geben mir Raum für Gefühle.

WERTE & INTENTIONEN – Was schätze ich an dem, was passiert ist? Hat das Erlebte Auswirkungen auf den Sinn meines Lebens?

ZIELE – Ich erlaube mir, zu fühlen und für mich da zu sein.

STIMMUNGSBOOSTER – Dankbarkeit, Genuss und willkommene Abwechslungen.

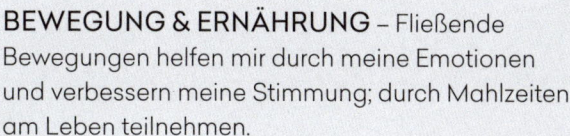

BEWEGUNG & ERNÄHRUNG – Fließende Bewegungen helfen mir durch meine Emotionen und verbessern meine Stimmung; durch Mahlzeiten am Leben teilnehmen.

BEWÄLTIGUNGSSTRATEGIEN – Eine Sprache für Gefühle entwickeln und lernen, sie auszuhalten.

KÖRPER & UMGEBUNG – Die heilende Kraft der Natur und die Bedeutung eines Orts in sich aufnehmen.

BEZIEHUNGEN – Um Hilfe bitten, stabile Beziehungen aufbauen, die Auswirkung von Verlusten auf die Familiendynamik verstehen.

ÜBUNGEN BEI VERLUST UND TRAUER

Nehmen Sie sich vor, diese Übungen sanft umzusetzen. Lassen Sie sich von Ihrem Wohlbefinden leiten. Bitten Sie um Hilfe, wenn Sie auf dieser heilenden Reise Begleitung brauchen. Das Ziel ist es, Ihre Gefühle zu erkennen, ihnen Raum zu verschaffen und sich sicher zu fühlen. Nehmen Sie dabei auch die Liebe und Fürsorge der Menschen um Sie herum in Anspruch.

Lernen Sie Ihre Gefühle kennen

Gefühle mögen eine mentale Kategorie sein, aber sie entstehen aus körperlichen Wahrnehmungen. Um also Ihre Emotionen zu bemerken und zu empfinden, müssen Sie mit Ihrem Körper in Einklang sein und ein Bewusstsein für ihn entwickeln. Das hilft Ihnen, Ihre Gefühle zu bewältigen und auf sie zu reagieren. Diese Übungen bauen auf der Verbindung zum Körper auf, die wir im Kapitel über Stress entwickelt haben.

Sich durch Berührung und Bewegung mit dem Körper verbinden

Berührung ist ein anderer Weg, um das Körperbewusstsein zu vertiefen. Körperarbeit wie Massage oder Akupunktur kann wirkungsvoll sein. Es gibt sie in so vielen Varianten, dass bestimmt auch für Sie etwas dabei ist. Vielleicht reicht es auch, sich einfach mit einer Lotion einzureiben und dabei die Massagetechniken aus dem Kapitel über Stress einzusetzen (siehe Seite 89). Oder richten Sie den Strahl der Dusche auf verschiedene Körperteile.

Kiefersequenz

Unser Kiefer ist oft sehr angespannt. Wir beißen die Zähne zusammen, wenn wir uns in schwierigen Situationen „durchbeißen", oder beißen uns auf die Lippe, um Gefühle zu unterdrücken. Nutzen Sie diese Sequenz, um Dinge loszulassen, die Sie nicht ausgesprochen haben.

1. Lassen Sie Ihren Unterkiefer um die oberen Schneidezähne kreisen. 6-mal in jede Richtung.

2. Lassen Sie Ihren Unterkiefer kreisen, als schrieben Sie den Buchstaben O. 6-mal in jede Richtung.

3. Das ist schwieriger: Bewegen Sie Ihren Unterkiefer nach oben, nach vorn, nach unten und dann nach hinten. Dann in umgekehrter Reihenfolge wiederholen. Die Bewegung ist elliptisch. 6-mal in jede Richtung wiederholen.

4. Massieren Sie Ihren Kiefer einige Male mit sanften Abwärtsbewegungen und spüren Sie, wie sich Ihr Gesicht entspannt.

 Die Saat ausbringen: Haben Sie bemerkt, dass eine körperliche Entspannung auch zu einer emotionalen Entspannung führt?

Weitere Wege, mit den Gefühlen in Kontakt zu kommen

Alternativen zu Bewegung und Berührung sind Filme ansehen, Gedichte lesen, Tagebuch schreiben, zeichnen oder Musik hören. Probieren Sie verschiedene Möglichkeiten aus und beobachten Sie, wie Sie sich mit Ihren Emotionen verbinden.

Morgensequenz – verbinden, lockern & Energie tanken*

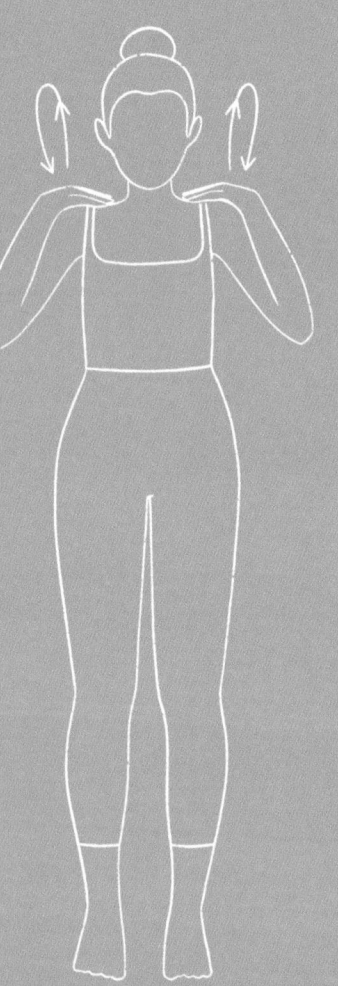

1. Im Stehen wahrnehmen: Spüren Sie, wie Sie stehen. Scannen Sie Ihren Körper und nehmen Sie Ihre Empfindungen wahr. Keine Sorge, wenn Sie zu Anfang nicht so viel spüren – bewegen und dehnen Sie sich, um Ihr Bewusstsein zu wecken.

2. Bergatem: Stehen Sie aufrecht, die Füße sind hüftbreit aufgestellt. Beim Einatmen breiten Sie die Arme aus und heben sie über den Kopf. Die Handflächen berühren sich. Blicken Sie nach oben, das hebt die Stimmung. Beim Ausatmen bringen Sie die Hände in Gebetshaltung mittig vor Ihren Körper. Lassen Sie die Energie zum Herzen strömen. 6-mal wiederholen.

3. Schulterrollen: Legen Sie die Fingerspitzen auf die Schultern, atmen Sie ein und lassen Sie die Ellbogen nach vorn und oben kreisen, beim Ausatmen nach hinten und unten. 6-mal wiederholen.

4. Brust und oberer Rücken: Beim Einatmen die Finger hinter dem Rücken verschränken, nach oben blicken und die Brust öffnen. Beim Ausatmen die Arme nach vorn bringen, als wollten Sie einen Baum umarmen. Machen Sie den Rücken rund, das Kinn neigt sich zur Brust. 6-mal wiederholen.

* und auch, wenn Sie feststecken

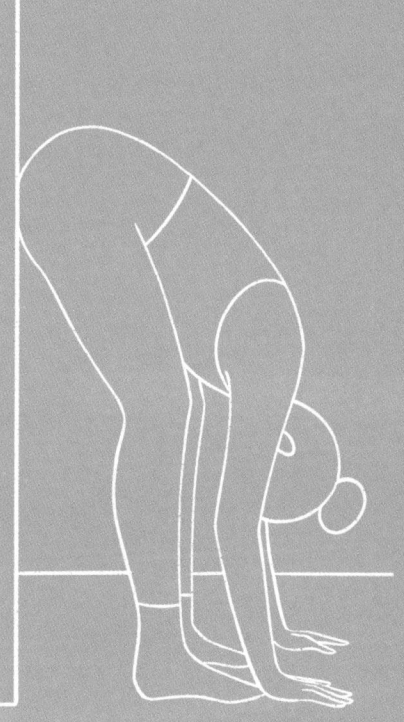

5. Drehung im Stehen: Die Füße stehen schulterbreit auseinander. Schwingen Sie Arme und Becken nach rechts, blicken Sie über die rechte Schulter und heben Sie die linke Ferse an, um die Wirbelsäule weiterdrehen zu können. Schwingen Sie sich nach links und heben Sie die rechte Ferse. Wiederholen Sie diese fließende Bewegung ganz mühelos 6-mal zu jeder Seite.

6. Vorbeuge an der Wand: Lockern Sie Wirbelsäule und Beine in dieser gestützten Vorbeuge. Stellen Sie sich mit dem Rücken an die Wand. Die Füße stehen etwas vor der Wand. Beugen Sie die Knie weit, drücken Sie das Gesäß an die Wand, während Sie sich vorbeugen und Kopf und Hände Richtung Boden baumeln lassen. Entspannen Sie sich so fünf bis zehn Atemzüge, bevor Sie sich ganz langsam wieder aufrichten.

7. Im Stehen wahrnehmen: Spüren Sie nun allen Empfindungen und Emotionen nach. Fühlen Sie eine stärkere Verbindung zu Ihrem gestreckten und bewegten Körper? Vielleicht bleiben Sie ein paar Atemzüge lang so. Das Mantra dazu ist: „Ich fühle die Energie durch meinen Körper strömen."

Abendsequenz – verbinden, lösen & zur Ruhe kommen

1. Kommen Sie in den Vierfüßlerstand und spüren Sie, wie sich der Körper anfühlt. Bewegen Sie das Becken ein paarmal hin und her, dann lassen Sie es um die Knie kreisen, 6-mal in jede Richtung. Spüren Sie, wie die Hüfte sich lockert.

2. Kindeshaltung: Kommen Sie in den Fersensitz und schieben Sie die Knie weit auseinander, die großen Zehen berühren sich. Lassen Sie Brust, Unterarme und Stirn zum Boden sinken. Vielleicht falten Sie die Hände oder machen eine Faust, um Ihren Kopf zu stützen. Lassen Sie sich weich in die Haltung sinken und spüren Sie in sich hinein.

3. Schwimmendes Kind: Aus der Kindeshaltung schwingen Sie Ihren rechten Arm beim Einatmen nach hinten und heben sich dann in den Vierfüßlerstand, wobei der rechte Arm nach oben und vorn wie beim Kraulen ausgerichtet ist. Beim Ausatmen kehren Sie in die Kindeshaltung zurück. Wiederholen Sie dies 6-mal auf jeder Seite. Öffnen Sie dabei den Brustkorb und blicken Sie Ihrer Hand nach. Spüren Sie, wie sich die Körperseiten öffnen und Sie das Gefühl haben, sich mit dem Atem zu bewegen.

4. Herabschauender Hund: Im Vierfüßlerstand stellen Sie Ihre Zehen auf. Heben Sie das Becken an und drücken Sie die Fersen nach hinten und unten. Bringen Sie sich in die Form eines umgedrehten V. Sie dürfen die Beine gebeugt halten, aber die Wirbelsäule soll gestreckt sein. Bleiben Sie fünf bis zehn Atemzüge hier und spüren Sie in die Haltung hinein. Ruhen Sie sich in der Kindeshaltung aus.

5. Einfädeln: Aus der Kindshaltung gehen Sie in den Vierfüßlerstand. Beim Einatmen heben Sie den rechten Arm nach oben und blicken hinauf. Beim Ausatmen fädeln Sie den rechten Arm zwischen linken Arm und Körper, bis Ihr rechtes Ohr den Boden berührt. Der rechte Arm kann gestreckt sein. Sechs Wiederholungen abwechselnd auf beiden Seiten.

6. Ausruhen in Ihrer Lieblingshaltung: Spüren Sie in der Kindeshaltung, auf dem Bauch oder Rücken nach, wie Sie sich jetzt fühlen, registrieren Sie jede Empfindung und Emotion. Nutzen Sie das Mantra „Die Energie des Universums trägt und schützt mich".

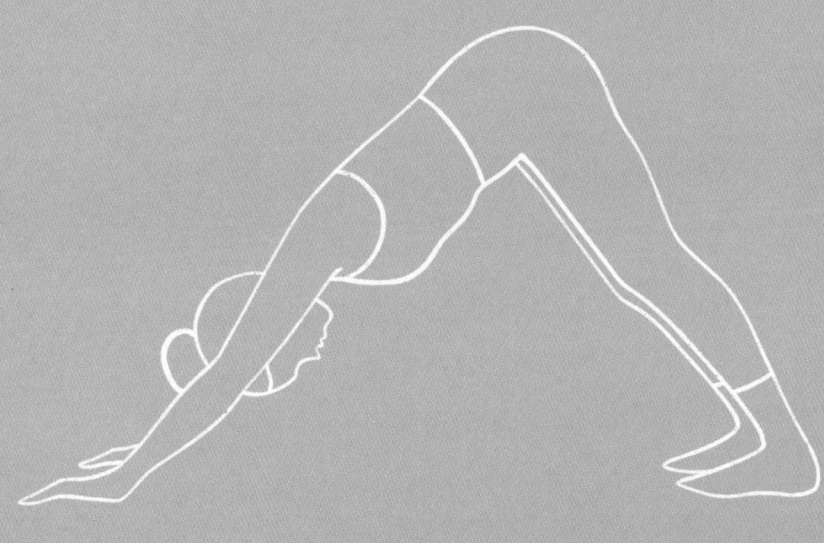

VERSTEHEN SIE IHRE GEFÜHLE

Um Ihre Emotionen verstehen zu können, brauchen Sie ein umfassendes Vokabular, mit dem Sie Ihre Gefühle benennen können. Die Sprache verbindet Erfahrungen und Denken. Um Ihre Emotionen beschreiben und einordnen zu können, brauchen Sie die richtigen Wörter. Der Wortschatz, der uns dazu zur Verfügung steht, lässt uns eine „emotionale Lesefähigkeit"[41] entwickeln. Wenn wir die Bandbreite verschiedener erlebter Gefühle genau bezeichnen können, verfügen wir über „emotionale Granularität"[42] – wir fühlen uns nicht einfach nur „schlecht", sondern können die Nuancen verschiedener Emotionen wie Langeweile, Frustration und Enttäuschung beschreiben. Das hilft uns, gezielter daran zu arbeiten und sie zu durchleben. Forschungen haben ergeben, dass ein großes Vokabular und die Fähigkeit, feine Unterschiede zwischen komplexeren Gefühlslagen zu erkennen, es leichter machen, Gefühle zu regulieren. Wir können dann konstruktiver und flexibler mit ihnen umgehen.[43] Menschen mit höherer emotionaler Granularität neigen seltener dazu, in Stresssituationen zu viel zu trinken,[44] und reagieren auf Provokationen seltener aggressiv.[45] Wer zwischen verschiedenen Emotionen unterscheiden kann, kann seine Gefühlslage auch leichter modifizieren und zum Beispiel Nervosität als freudige Erwartung betrachten.

Sehen Sie sich diese Liste mit Emotionen an. Schlagen Sie diejenigen, bei denen Sie nicht sicher sind, nach. Wozu könnten sie gut sein? Gibt es welche, die Sie vielleicht lieber meiden möchten? Warum? Was wäre, wenn Sie diese Gefühle zulassen würden?

Liebe	**Mut**	Wachsamkeit	**Reue**
Bewunderung	Macht	**Verärgerung**	Schwermut
Demut	Begeisterung	Irritation	**Unbehagen**
Freude	Verspieltheit	Alarm	Kränkung
Seligkeit	Dankbarkeit	Beunruhigung	**Ablehnung**
Hochgefühl	Zufriedenheit	Zorn	Peinlichkeit
Inspiration	**Glück**	Schock	Verbitterung
Offenheit	Entspannung	Angst	Groll
Hoffnung	Heiterkeit	Sorge	Neid
Eifer	Stolz	**Unruhe**	Enttäuschung
Verwunderung	**Aufregung**	Ekel	Einsamkeit
Erstaunen	Erwartung	Langeweile	Schuld
Akzeptanz	**Interesse**	Apathie	Bestürzung
Amüsement	Neugierde	Traurigkeit	**Reizbarkeit**
Frieden	Nervosität	Melancholie	Wut

 Die Saat ausbringen: Hilft Ihnen ein größeres Vokabular, Ihre Emotionen besser zu verstehen und zu erkennen, was Sie in unterschiedlichen Situationen brauchen? Können Sie sich damit sicherer ausdrücken?

Schließen Sie Frieden mit Ihren Emotionen

Die Beurteilung eigener Empfindungen kann Einfluss darauf haben, ob Sie mit einer Erfahrung entspannt umgehen oder ein Unbehagen verstärken. Diese Körperübung hilft Ihnen zu lernen, wie sich eine Beurteilung auf das subjektive Empfinden auswirkt.

1. Wärmen Sie Ihren Körper auf, indem Sie einen Spaziergang oder die Abendsequenz in diesem Kapitel (siehe Seite 136) machen.

2. Nehmen Sie ein kleines Handtuch und legen Sie sich auf einer weichen Unterlage auf den Boden. Ziehen Sie die Knie mit den Armen Richtung Brust und schaukeln Sie etwas hin und her.

3. Strecken Sie die Beine aus und machen Sie sich Ihren Körper bewusst. Spüren Sie, wie Sie sich in der Ruhe fühlen, ohne etwas als „gut" oder „schlecht" zu beurteilen.

4. Strecken Sie das linke Bein aus und ziehen Sie dabei die Zehen zum Körper. Ziehen Sie das rechte Bein zur Brust, legen Sie das Handtuch oder einen Gürtel um den rechten Fußballen und strecken Sie das Bein hoch. Sie spüren, wie sich die Rückseite Ihres rech-

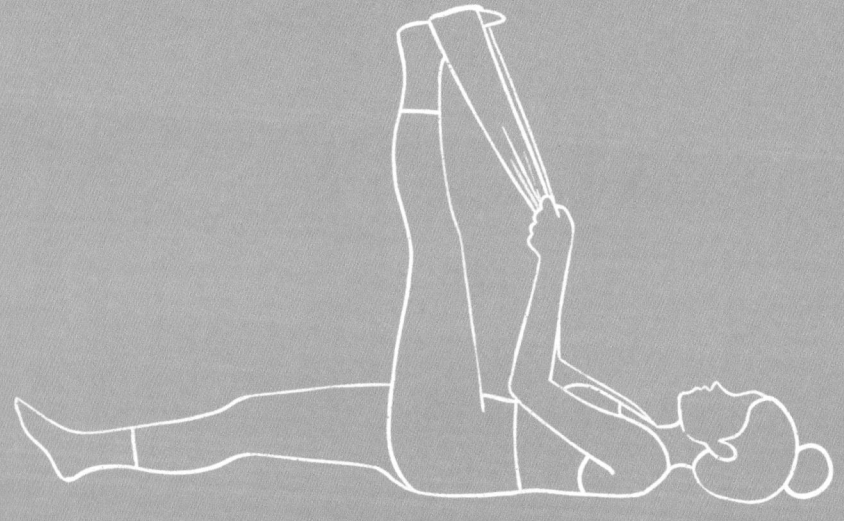

ten Beins dehnt, je weiter Sie das Bein strecken. Die Intensität bestimmen Sie. Strecken Sie das Bein so weit wie möglich nach oben und achten Sie darauf, dass Sie gut atmen können. Richten Sie Ihre gesamte Aufmerksamkeit auf die Rückseite des rechten Beins. Was passiert, wenn Sie langsamer und tiefer atmen? Wird die Empfindung im Bein angenehmer oder besser zu ertragen, wenn Sie entspannt atmen? Spüren Sie, wie sich die Empfindung ändert. Vielleicht können Sie Ihr Bein noch ein bisschen weiter strecken, aber nicht zu weit. Es ist wichtig, dass Sie weiterhin gut atmen. Der Atem zeigt Ihnen an, wenn Sie sich aus Ihrer Komfortzone zwingen. Bleiben Sie zehn Atemzüge lang so und beobachten Sie Ihren Wunsch, die Situation zu benennen, kritische Gedanken über Ihre Sportlichkeit zu haben und die Erfahrung an sich zu beurteilen. Zu denken, „das tut weh" oder „es ist furchtbar, ich will aufhören", verstärkt das Unbehagen. Es hilft, den Dialog freundlicher und neugieriger zu gestalten. „Was würde wohl passieren, wenn ..." oder der Wechsel von „unerfreulich" zu „bedeutend" oder „intensiv" lassen Sie leichter mit Ihren Gefühlen Frieden schließen. Beurteilungen lassen uns zurückschrecken und gegen die Erfahrung ankämpfen. Sie bringen uns nicht weiter. Offenheit dagegen hilft uns, sie anzunehmen, zu akzeptieren und uns zu eigen zu machen. So entwickeln wir Selbstmitgefühl und die Fähigkeit, uns selbst zu trösten.

5. Lockern Sie die Dehnung und spüren Sie, dass das Gefühl nicht ewig anhält – es hatte Anfang und Ende, und mit einer entspannten Atmung und einem klugen inneren Dialog konnten Sie es kontrollieren. Wiederholen Sie die Dehnung mit dem linken Bein und tauchen Sie wieder in die Gefühle und die Wirkung ein, die Ihre Gedanken und Worte auf Ihr Empfinden haben. Beobachten Sie, wie Sie sich fühlen, wenn Beine und Rücken entspannt sind. Die Anspannung war intensiv, aber nun können Sie die Entspannung genießen.

6. Mit unseren Emotionen können wir genauso arbeiten. Emotionale Empfindungen sind so wandelbar wie körperliche und wir können unsere Erfahrung mit ihnen gestalten. Denken Sie daran: Es geht vorbei. Lassen Sie sie aufkommen, durchleben Sie sie und sehen Sie sie verblassen. Seien Sie neugierig, entspannen Sie sich in Ihren Atem, sprechen Sie liebevoll mit sich – die Intensität bleibt, aber es ist kein Kampf mehr. Versuchen Sie es mit diesem Mantra: „Ich schließe Frieden mit meinen Gefühlen."

 Die Saat ausbringen: Kann ich meine Toleranz für emotionalen Kummer genauso ausbauen wie für körperliche Empfindungen? Das erfordert Übung, gehen Sie also behutsam vor und beginnen Sie im Kleinen. Schaffen Sie sich Tools wie die am Ende dieses Kapitels, um mit Ihren Emotionen umzugehen. „Wenn ich mich so oder so fühle, dann ..."

Die Verdauung fördern

Diese Übung fördert die Verdauung und kann auch helfen, Emotionen herauszulassen. Reiben Sie die Hände aneinander, um sie aufzuwärmen. Legen Sie dann die Fingerspitzen an den rechten Hüftknochen. Drücken Sie sie in Richtung des Rippenbogens, über den Bauch zum linken Hüftknochen und über den unteren Bauch zurück zum rechten Hüftknochen. Wiederholen Sie diese kreisende Bewegung ein paar Minuten lang in diese Richtung und verlängern Sie dabei das Ausatmen. Vielleicht spitzen Sie dabei Ihre Lippen, als wollten Sie eine Kerze ausblasen. Es kann sein, dass Sie ein Grummeln im Bauch hören oder fühlen. Ziehen Sie als Nächstes Ihr rechtes Knie zur Brust, drücken Sie es fest gegen den Bauch und lassen es dann wieder los. Wiederholen Sie das abwechselnd mit beiden Beinen 10-mal. Das wird im Yoga liebevoll die „Wind lösende Haltung" genannt, wundern Sie sich also nicht, wenn Sie noch mehr Geräusche hören. Entspannen Sie sich in einer bequemen Position, legen Sie eine Hand aufs Herz und die andere auf den Bauch und spüren Sie Ihren Atem und die Wärme Ihrer Hände. Schenken Sie sich das Gefühl, umsorgt zu sein. Das Mantra dazu ist: „Ich bin mein eigener sicherer Hafen."

Löwenatmung

Manchmal müssen wir uns von großen Gefühlen wie Wut, Ablehnung oder Frustration befreien. Die Herausforderung liegt darin, dabei keinen Schaden anzurichten. In dieser Übung wie ein Löwe zu brüllen ist so gut, wie in ein Kissen zu schreien. Atmen Sie durch die Nase ein und mit einem explosiven „Ha!" durch den Mund wieder aus. Strecken Sie dabei Ihre Zunge, so weit es geht, heraus. Wiederholen Sie das 3-mal und atmen Sie aus, was Ihnen zu schwer oder zu verletzend erscheint, um es auszusprechen.

Übungen zur Beruhigung – ein Buch aufklappen

Legen Sie sich mit einem Kissen unter dem Kopf auf den Boden oder aufs Bett. Spüren Sie eine Minute Ihren Atem. Es ist nicht schlimm, wenn er sich eng oder kurz anfühlt. Verändern Sie ihn nicht. Legen Sie sich nun auf die linke Seite und strecken Sie die Arme auf Brusthöhe übereinander vor sich aus. Die Knie sind etwa auf der Höhe des Beckens gebeugt. Beim Einatmen heben Sie den rechten Arm langsam nach oben und bewegen ihn nach hinten, als würden Sie ein Buch aufklappen. Blicken Sie ihm nach. Beim Ausatmen kehren Sie in die Ausgangsposition zurück, als würden Sie ein Buch zuschlagen. Wiederholen Sie das 6-mal und achten Sie dabei darauf, wie sich Ihre Brustmuskulatur immer weiter lockert und Sie Ihren Arm jedes Mal ein bisschen weiter nach hinten sinken lassen können. Wiederholen Sie das auf der anderen Seite und legen sich dann wieder auf den Rücken. Spüren Sie, wie Ihr Atem die Weite Ihres Brustkorbs ausfüllt und wie angenehm das ist? Geht Ihr Atem jetzt etwas langsamer?
    Beobachten Sie, wie beruhigend es ist, wenn Ihre Atemsequenz sich verlangsamt.

Die Saat ausbringen: Wenn wir versuchen, Emotionen zu vermeiden oder zu unterdrücken, wird unser Atem ganz flach und der Körper fühlt sich eng an. Erleben Sie, wie befreiend es ist, sich mit dem Atem zu bewegen, ihn größer werden zu lassen und ihm Raum zu geben. Mit der Zeit können Sie so vielleicht auch Platz für Ihre Gefühle schaffen und sich Atemzug für Atemzug durch sie hindurchbewegen.

Verlust & Trauer

Übungen zur Beruhigung – Herzmeditation

Setzen Sie sich mit geradem Rücken bequem auf einen Stuhl oder ein Meditationskissen. Schließen Sie die Augen, entspannen Sie die Muskeln im Gesicht und in den Schultern und nehmen Sie ein paar Atemzüge. Beim Einatmen legen Sie die Fingerspitzen an den hinteren Haaransatz. Atmen Sie aus und bewegen Sie die Hände um den Kopf, ohne ihn zu berühren. Die Hände treffen sich vor der Stirn, die Handflächen berühren sich. Atmen Sie ein und bewegen Sie die Hände langsam in der Gebetshaltung zu Ihrem Herzen. Wiederholen Sie diese Bewegung der Hände und richten Sie dabei Ihre Aufmerksamkeit darauf, vor Ihrer Stirn die mentale Energie zu bündeln und sie in Ihr Herz zu bringen. Vielleicht spüren Sie zwischen den Händen ein Kribbeln oder Wärme, wenn Sie sie aufeinanderdrücken, und vielleicht wandert diese Energie zu Ihrem Herzzentrum. Pausieren Sie nach ein paar Minuten und legen Sie dabei die Hände übereinander auf Ihr Herz. Atmen Sie in sie hinein und stellen Sie sich in Ihrem Herzen einen weißen Lichtball, eine brennende Kerze oder die Sonne vor, die über dem Meer aufgeht. Lassen Sie Ihr inneres Auge auf diesem Bild ruhen und spüren Sie die Wärme, die von Ihrem Herzen ausgeht. Atmen Sie noch mehr Licht und Leben ein und alles aus, was Sie nicht mehr brauchen. Das Mantra dazu ist: „Ich kann für mich da sein."

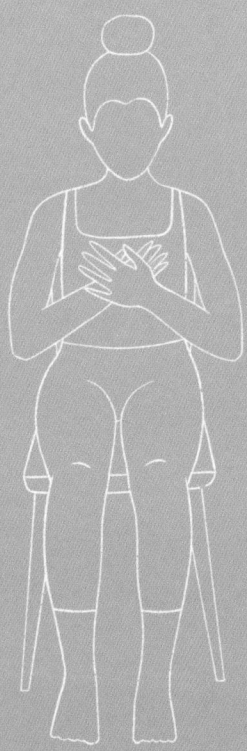

 Die Saat ausbringen: Nutzen Sie diese Übung, um Ihre Mitte zu finden, wenn Ihre Gedanken abschweifen oder Ihre Energie verbraucht zu sein scheint. Gehen Sie mit neuer Entschlossenheit in den Tag.

Verlust & Trauer

Beziehungen sind wichtig

„Was wir einmal erlebt und zutiefst geliebt haben, geht uns nie wieder verloren. Denn alles, was wir wirklich lieben, wird ein Teil von uns."[46]
Helen Keller

Als mein Vater an der Motoneuronerkrankung starb, schmerzte es, ihn leiden zu sehen. Fast genauso schlimm war es, die Verbindung zu ihm zu verlieren. Nicht nur der Tod, auch körperliche Distanz, Konflikte, Probleme in Beziehungen oder das Gefühl, aus dem Lot geraten zu sein, lassen unsere Beziehungen leiden und bereiten uns Schmerzen.

Beziehungen lindern den Schmerz der Trauer – die liebevolle unmittelbare Fürsorge der Familie und auch das Gefühl, dass die Beziehung zu der Sache oder der Person, die man verloren hat, nicht endet. Als Kind war ich begeisterte Eisläuferin, und als ich dann die Schlittschuhe an den Nagel hängte und mich Yoga zuwandte, fand ich eine ähnliche Möglichkeit, mich auszudrücken, eine, die ich für den Rest meines Lebens nutzen konnte. Es gefiel mir aber auch, mich als Psychologin um junge Eisläufer zu kümmern. So konnte ich weiter Teil der Community sein. Meine Liebe zu dem Sport entwickelte sich so auf neue Art weiter und machte meinen Verlust erträglich.

Auf einer viel ernsteren Ebene kam ich besser mit dem Tod meines Vaters zurecht, indem ich eine weitergehende Beziehung zu ihm schuf. Ich kann mir immer noch nicht vorstellen, dass mein Vater nicht mehr da sein soll. Der Schmerz der Trennung erscheint mir unerträglich. Ich habe aber gelernt, dass dies eine selbst auferlegte Vorstellung von Distanz ist. Wir müssen nicht auseinandergerissen sein. Ja, in seiner irdischen Form ist er nicht mehr hier. Aber ich bestehe aus den Zellen und Fasern seines Körpers und des Körpers meiner Mutter. Wir können also nie wirklich getrennt sein. Wir sind ein und dasselbe. Ich glaube, dass das auf jedes geliebte Wesen zutrifft, verwandt oder nicht. Zwischen uns besteht ein feines Netz und dessen Fäden halten über Zeit und Raum hinaus. Wenn ich an meinen Vater denke, an witzige Augenblicke und schöne Anekdoten, wenn kleine Erinnerungen aufblitzen, kann ich seine Liebe und Anwesenheit spüren und mich in sie hineinbegeben. Ich behalte ihn bei mir, indem ich mit meinen Kindern über ihn spreche, ihn in einem kleinen Gebet bedenke, joggen gehe, so wie er das gern getan hat, oder in der Natur unterwegs bin, was wir oft gemeinsam gemacht haben. Er ist mir immer noch präsent und unsere Verbindung besteht weiter.

Wie können wir fortdauernde Beziehungen erschaffen?

Bitten Sie Familie und Freunde, sich zu erinnern – Das können ein paar Zeilen sein, ein Foto oder eine Geschichte, die erzählt, wer die Person war und wofür sie stand. Sammeln Sie diese Beiträge in einem Erinnerungsbuch, das Sie als Feier Ihres Lebens und Erbes gestalten und das die Person weiter in Ihrem Leben präsent sein lässt.

Tun Sie Dinge, die Sie gern zusammen gemacht haben – Kochen Sie etwas, was Sie beide mochten, und lassen Sie diese Rezepte zu einem Teil Ihrer Familientradition werden.

Schreiben Sie einen Brief – Schreiben Sie alles auf, was ungesagt geblieben ist, sprechen Sie es laut aus oder formulieren Sie es in einem Gebet.

Gibt es einen Ort, an dem Sie sich der Person nahe fühlen, der Sie an sie erinnert, wo Sie gern zusammen hingegangen sind? Ein vertrautes Café, eine Bank oder ein Ort mit besonderen Erinnerungen? Vielleicht hat die Person Ihnen dort etwas hinterlassen, etwa eine Feder, oder sie sucht Sie in anderer Gestalt, als Vogel oder Schmetterling, auf. Seit mein Vater gestorben ist, stand ich schon dreimal plötzlich einem Eisvogel gegenüber – am Tag der Beerdigung, als mein Sohn in die Kita kam und an einem Tag, als ich eine intensive Trauerberatung hinter mir hatte. Seine Botschaft war unmissverständlich. Wenn Sie diese tiefe Sehnsucht spüren, suchen Sie diese besonderen Orte auf und verbringen Sie dort Zeit. Was würden Sie der Person nun sagen? Lassen Sie sich von ihrer liebevollen Energie umarmen. Wenn Sie diese Orte nicht selbst aufsuchen können, betrachten Sie ein Foto oder stellen Sie sich den Ort und die Erfahrung vor.

 Die Saat ausbringen: Ihre Beziehung endet nicht. Sie ist in Ihrem Körper ebenso verankert wie in der Landschaft, die Sie umgibt. Denken Sie so oft wie möglich daran. Verringert das das Gefühl der Trennung und der Entfernung zwischen Ihnen?

Die Auswirkung eines Todesfalls auf die Familiendynamik

Spricht man über Beziehungen, so ist es wichtig, zu betrachten, was ein Verlust für die Hinterbliebenen bedeutet. Wir müssen bedenken, dass Trauer jeden von uns anders berührt. Versuchen Sie deshalb nicht, zu vergleichen oder zu urteilen. Trauernde fühlen sich schutzlos, sensibel und verletzlich. Wer Schmerz empfindet, ist manchmal nicht in der Lage, sich zu beherrschen, und spricht und benimmt sich so, wie er das gewöhnlich nicht tun würde. Das Mantra „Verletzte Menschen verletzen Menschen" könnte nützlich sein für den Umgang mit Verlusten und mit Menschen, die trauern. Nach einem Todesfall kann die Atmosphäre schnell explosiv werden und es erfordert Feingefühl, wenn man sich um die erforderlichen Angelegenheiten und das Erbe kümmert, denn daraus erwachsen oft Konflikte. In einer Familie oder Gruppe können sich Dynamik, Menschen und ihre Beziehungen vollkommen verändern, wenn jemand körperlich nicht mehr da ist. Dann ist umfassendes Mitgefühl gefragt.

 Die Saat ausbringen: Manchmal werden die Beziehungen, auf die wir uns sonst verlassen, von einem Verlust verändert. Suchen Sie an unterschiedlichen Stellen Hilfe, sei es in der Familie oder darüber hinaus. Lassen Sie die Menschen wissen, welche Art von Hilfe Sie brauchen, und gestatten Sie sich, die Art Ihrer sozialen Begegnungen nach Ihren Bedürfnissen zu gestalten. Manchmal können in solchen Zeiten Tiere äußerst tröstend wirken. Ich nenne das liebevoll die „Haustiertherapie".

DIE STIMMUNG AUFHELLEN

Die Last der Trauer kann überwältigend sein. Wir sollten uns zwar unseren Gefühlen stellen, aber auch wissen, wann wir eine Pause brauchen, und dafür eine Oase der Ruhe im Sturm der Trauer finden. Dann entdecken Sie unter Ihrer Trauer auch noch andere Emotionen, die im Lauf der Zeit Ihren Schmerz lindern können.

Ablenkungen und Stimmungsbooster

Gestatten Sie sich eine Pause vom Trauern – Lassen Sie Ihren Geist an etwas Halt finden, das Sie stärkt: Musik machen oder hören, Kunst erschaffen oder betrachten, Basteln, Stricken, Sudoku, Karten- oder Brettspiele, Ihre Lieblingskomödie, Hundespaziergang, Meditation über Natur, Bewegung, Aufräumen, Berührung, Düfte, Zeit mit Freunden, Ehrenamt, Ihre Entspannungsbibliothek (siehe Seite 74), Mantras oder Ihr Atem.

Genießen – Das ist die Fertigkeit, freudige Erlebnisse in sich aufzunehmen, ein kraftvoller Stimmungsaufheller, denn in Ihre Trauer mischen sich auch Gefühle wie Dankbarkeit, Wertschätzung und Liebe. Sie können die Vergangenheit genießen, indem Sie sich an glückliche Momente erinnern und in einem Brief oder in einem Gespräch noch einmal in Erinnerung rufen. Sie können die Gegenwart und ihre Segnungen mit allen Sinnen genießen. Das kann etwas so Einfaches sein wie ein Tee aus Ihrer

Lieblingstasse. Sie können die Zukunft genießen, indem Sie sich kommende zufriedene und friedvolle Augenblicke vorstellen und sich daran erinnern, dass das Leben nicht immer so schwer ist und die Hoffnung eine kraftvolle Motivation ist, um weiterzumachen.

Dankbarkeit, Wertschätzung, Demut und Bewunderung – Hinter dem Gefühl von Verlust steckt noch ein großer Vorrat an Dankbarkeit und Liebe. Gestatten Sie sich, darüber nachzudenken, was Sie am Vergangenen so geliebt haben – die Momente, Erinnerungen, Ratschläge und natürlich auch besondere Eigenschaften. In der Zukunft werden Sie vielleicht feststellen, dass sich Ihr Schmerz in diese positiven Gefühle verwandelt hat. Dadurch wird es Ihnen möglich, das Leben in seiner neuen Gestalt von ganzem Herzen anzunehmen.

Sinn und Zweck – Ein Verlust kann zu Beginn sehr verwirrend sein. Auf lange Sicht kann er Sie aber auch mit dem verbinden, was Ihnen im Leben am wichtigsten ist, nämlich genau zu bestimmen, wie und wo Sie Ihre Energie einsetzen. Es kann Ihre Reise zur Genesung beschleunigen, wenn Sie darüber nachdenken, wie Sie diese Erfahrung wachsen lässt, und Sie können Ihre eigenen Stärken und Werte besser kennenlernen.

 Die Saat ausbringen: Wenn Sie sich von einem Verlust überfordert fühlen, gönnen Sie sich eine aufmunternde Pause. Das ist wichtig, um Ihr Selbstgefühl wieder aufzubauen. Denken Sie daran, dass sich hinter Ihrer Trauer enorm viel Liebe verbirgt – lassen Sie diese Liebe durch sich hindurchfließen.

WERKZEUGE

Wenn ich leide, ...

- erlaube ich mir, mich so zu fühlen.
- freunde ich mich mit meinem Schmerz an – so fühlt es sich an, wenn man heilt.
- frage ich mich, wie sich jemand anderes in meiner Lage fühlen würde, und begegne mir so liebevoll, wie ich einem geliebten Menschen begegnen würde.
- weine, heule, schreie und bewege ich mich in der Löwenhaltung oder bin ruhig und still.
- spüre ich in meinen Körper, seine Beschaffenheit und Empfindungen hinein, lasse mich auf ihn ein und höre auf seine Weisheit.
- wiederhole ich das Mantra „Ich bin sicher, ich werde geliebt, ich werde gehalten". Die Erde trägt mich. Mir werden Liebe und Trost geschenkt. Ich trage mich selbst. Ich bin für mich da.
- denke ich daran: Ich bin es wert. So, wie ich jetzt bin, bin ich vollkommen liebenswert. Was ich der Welt zu bieten habe, ist wertvoll.
- suche ich in meinem Vitalitätsrad Inspiration zur Beruhigung und begebe mich in meinem Tempo Schritt für Schritt auf die Reise zur Genesung.
- bitte ich um Hilfe, die ich gestalten kann, wie ich sie brauche.
- tröste ich mich mit dem Wissen, dass dieses Gefühl vorübergeht. Aus diesem Schmerz können Einsicht und Entwicklung entstehen.

Wenn ich weinen möchte, ...

- denke ich daran, dass mein Verlust echt ist.
- erlaube ich mir, ihn anzuerkennen und zu betrauern.
- gestatte ich mir, die Tränen fließen zu lassen, wenn die Zeit dafür gekommen ist. Wenn nicht, respektiere ich mein Gefühl und schaffe mir später Zeit, um es umso intensiver auszudrücken. Mithilfe von Berührung, Mantras und Atem stehe ich diese Situation durch und mache mit meinem Tag weiter.

Wenn ich jemanden vermisse, ...

- würdige ich das als Wunsch, mich verbunden zu fühlen und meine Liebe auszudrücken.
- bin ich dankbar für das, was dieser Mensch mir immer noch bedeutet, was ich von ihm gelernt habe und dass er mir geholfen hat, die Person zu werden, die ich jetzt bin.
- versuche ich, eine liebevolle Präsenz zu spüren, sei es mithilfe eines Fotos, Erinnerungen, eines Orts oder in der Natur.
- denke ich an andere Menschen in meinem Leben, die mein Bedürfnis erfüllen und mir helfen können.
- erinnere ich mich daran, dass ich mich selbst trösten und schützen kann.

Wenn ich am Ende eines Kapitels in meinem Leben traurig bin, ...

- gestatte ich mir, traurig zu sein, denn ich kann meine Gefühle nicht verstecken oder ihnen entkommen.
- denke ich daran, dass ich in jedem schmerzvollen Moment auch heile. Am Schmerz führt kein Weg vorbei.
- betrachte ich Traurigkeit und Schmerz anders und weiß, dass sie nicht mein ganzes Leben bestimmen, dass sie aber einen Sinn haben. Sie beweisen meine Liebe zu etwas, das vorbei ist und das ich ehre. Sie sagen mir auch, was ich heute brauche.

Wenn mein Leiden mich wütend macht, ...

- erkenne ich, dass ich mich so fühlen darf. So stehe ich für mich und meine Werte ein. Ich kenne meine Grenzen und schütze mich.
- drücke ich das auf konstruktive Weise durch Bewegung und Atem aus, lasse mich auf einem Blatt Papier aus, das ich dann genussvoll wegwerfe, oder reinige mich durch Schreien und Fluchen.
- grenze ich es ein, damit es nicht überhandnimmt und langfristig schlecht für mich ist. Ich spüre es und lasse es los. Bei Bedarf lasse ich mich von etwas Schönem ablenken.
- denke ich über Vergebung nach – für mich, andere und das Leben – und weiß, dass Vergebung uns befreit, nicht die Übeltäter, und dass wir damit Vergehen nicht gutheißen.
- denke ich daran, meine Batterien aufzuladen (siehe Seite 114).

TEIL DREI

Veränderung & Übergang

In uns und um uns kommt es ständig zu Veränderungen. Jeden Tag wachen wir mit einem neuen Geist und Körper auf, durchleben neuronale Plastizität und die Erneuerung unserer Zellen in einer immer neuen Umgebung, die vom Wechsel der Jahreszeiten bestimmt ist. Obwohl Wandel eine Konstante im Leben ist, war über seine Dynamik und Auswirkungen lange Zeit nur wenig bekannt. Wie bei der Trauer reden wir einfach nicht genug darüber. Doch das hat sich allmählich geändert. In den 1970er-Jahren kam das Wort Matreszenz in Gebrauch und beschrieb den Übergang zum Muttersein. Aber erst seit einigen Jahren wird darüber in einer breiteren Öffentlichkeit gesprochen und anerkannt, wie einschneidend die Veränderungen sind, die dieser Lebensabschnitt mit sich bringt.[47] Auch die Menopause ist nichts Neues, aber erst in jüngerer Zeit wird offener darüber gesprochen. Der Ruhestand ist eine weitere große Veränderung im Leben, die gewöhnlich missverstanden wird. Er wird gerade erst intensiv erforscht[48] und rückt damit endlich auch ins Zentrum des Interesses.

VERÄNDERUNG & ÜBERGANG – WAS IST DER UNTERSCHIED?

Die Begriffe Veränderung und Übergang werden oft synonym verwendet. Gerade das macht den Umgang mit ihnen so schwierig. William Bridges[49] trifft eine verständliche und nützliche Unterscheidung zwischen den beiden:

» Veränderung bezieht sich auf die Situation oder externe Faktoren.

» Übergang bezieht sich auf psychologische Faktoren, eine innere Neuorientierung, Neudefinition des Selbst und eine Umorganisation des Lebens aufgrund von Veränderungen.

Damit ein Übergang erfolgreich verlaufen kann, müssen wir uns innerlich verändern, uns vielleicht von etwas trennen, einen Verlust akzeptieren und betrauern. Bridges beschreibt drei Komponenten des Übergangs:

» Ein Ende – Wir müssen Altes loslassen, damit wir etwas Neues beginnen können. Das kann eine Erfahrung mit dem Tod sein, unser Ende oder das unseres bisherigen Lebens. Dieses Ende zu erkennen und uns zu gestatten, darum zu trauern, ist beim Umgang mit Veränderung und Übergang unverzichtbar. Es ist sinnvoll, dass wir diesen Identitätsverlust betrauern, wenn wir eine Überzeugung, Haltung, Gewohnheit oder Aktivität (z. B. das Stillen), ein Kapitel, eine Beziehung (selbst wenn die Beziehung intakt ist, sich aber die Dynamik verändert, etwa wenn Ihr Kind kein Baby mehr ist), Rolle, Vision oder einen Traum aufgeben.

» Die neutrale Zone – das Kapitel zwischen dem Alten und dem Neuen, der Abschnitt, der oft von Verwirrung, Kummer, Formlosigkeit und Leere gekennzeichnet ist.

» Ein Neuanfang – Ein neues Selbstgefühl entsteht, neue Lebensrhythmen und -muster tauchen ebenso auf wie ein neuer Lebenszweck, eine neue Richtung und ein neues Handeln, das Gefühl, das Richtige zu tun und bei sich anzukommen.

Warum das nicht leicht ist

Egal, ob die Veränderung positiv ist, wir sie freiwillig oder unfreiwillig durchlaufen – Veränderungen sind immer schwierig. Und dass in der Gesellschaft heute Veränderungen und in geringerem Maße Übergänge ständig Thema sind, macht es nicht leichter. Dafür gibt es keine Wegweiser und nur wenige gesellschaftliche Orientierungspunkte oder Rituale. Für uns alle ist diese innere Neuorientierung schwierig, und dass etwas in uns das alte Selbst verteidigt, ist normal. Gewöhnlich durchlaufen wir Übergänge rasend schnell. Die moderne Technik weckt in uns den Wunsch, unsere Ziele sofort zu erreichen. Wir sind ungeduldig und haben verlernt zu warten. Es herrscht eine grundsätzliche Verachtung für ungenutzte Zeit, Untätigkeit gilt als Faulheit. FOMO und die Mentalität von „Schläfst du, verpasst du was" treiben uns zu übereiltem Handeln. Wir sind aktiv, nur um die Illusion von Produktivität aufrechtzuhalten. Es stimmt: Was wir nicht zu Ende bringen, macht uns unzufrieden. Aber wir können nicht vorpreschen und den inneren Wandel erzwingen, nur um das Bild von der „neuen Normalität" zu bedienen.

Wie es sich anfühlen kann

Veränderungen und Übergänge bringen oft Stress, Verlustgefühle und Trauer mit sich. Sie können niederschmetternd, schmerzlich und verwirrend sein und unsinnig erscheinen. Natürlich trauern wir, wenn wir erkennen, dass etwas zu Ende geht, etwa um den Verlust unserer eigenen Kindheit, unsere Fähigkeiten, Autonomie und Unabhängigkeit, wenn unsere Kinder aufwachsen und selbstständig werden, wenn wir einen neuen Beruf ergreifen, neue Beziehungen eingehen, neue Herausforderungen suchen oder umziehen.

Neben Angst, Unbehagen und Traurigkeit stehen aber auch Freude, Begeisterung, Befreiung und die Feier der Wiedergeburt. Abwechslung ist die Würze des Lebens und Veränderungen lassen uns wachsen. Sie sind der Stoff, aus dem die persönliche Weiterentwicklung gemacht ist.

Veränderungen und Übergänge kommen uns oft wie Kreisläufe vor: Es gibt eine Zeit zum Loslassen, winzige Schritte eines Reifungsprozesses, dann eine Beschleunigung und das Gefühl, etwas Neues zu werden oder zu sich selbst zu finden, bevor man wieder loslässt. Vielleicht empfinden Sie es wie einen Wechsel zwischen Ausdehnung und Zusammenziehen, Verfall und Wiederaufbau, Tod und Wiedergeburt.

Bewältigungsstrategien bei Veränderung und Übergang

Geduldig sein und Unklarheiten hinnehmen – Die Fähigkeit, die Unannehmlichkeiten von Wandel, Verlust, Formlosigkeit, Ungewissheit, Dingen, die wir nicht kontrollieren können, und Prozessen, die wir nicht beschleunigen können, auszuhalten.

Selbsterkenntnis – Sich selbst und den Teil von sich, der sich nicht verändert, erkennen, Stärken und Werte identifizieren.

Mut und Stärke – Der Mut, sich selbst zu stärken und für sich einzustehen, lässt Sie zielgerichtet und entschlossen handeln.

> VERÄNDERUNG & WANDEL BEWÄLTIGEN –
> DAS KANN ICH TUN

SCHLAF, RUHE, ENTSPANNUNG & ATEM – Bei einem Ende hilft langes Ausatmen, für Balance in der neutralen Zone sorgt Wechselatmung, bei einem Neuanfang stärkt die Ujjayi-Atmung (siehe Seite 165) die Entschlossenheit.

WERTE & INTENTIONEN – Veränderungen und posttraumatisches Wachstum als sinnvoll betrachten, das Leben an den Dingen ausrichten, die uns am meisten bedeuten; anderen helfen.

ZIELE – Lernen Sie Ihr bestes zukünftiges Ich kennen, verstehen Sie Ziele und Willenskraft, denken Sie an Erreichtes, würdigen Sie auch die Anstrengungen, nicht nur das Ergebnis, erkennen Sie an, wie weit Sie es gebracht und was Sie schon alles überstanden haben.

STIMMUNGSBOOSTER – Neugier, Verspieltheit, Lachen.

BEWEGUNG & ERNÄHRUNG – Saisonale Produkte, spielerisch Neues kennenlernen, Selbstbewusstsein durch Haltung.

BEWÄLTIGUNGSSTRATEGIEN – Akzeptanz und „richtige Bemühung", konstruktiv über Veränderungen nachdenken, die eigene Identität weiterentwickeln.

KÖRPER & UMGEBUNG – Die Natur als Guru des Wandels betrachten.

BEZIEHUNGEN – Neue Verbindungen, mit Leuten in Kontakt treten, die als Inspiration und Mentoren dienen können.

Veränderung & Übergang

ÜBUNGEN BEI VERÄNDERUNG & ÜBERGANG

Die Fähigkeit, sich zu entspannen und Geist und Körper zu beruhigen, wie wir es im Kapitel über Stress gelernt haben, ist für den Umgang mit Veränderungen ebenfalls wichtig. Es hilft auch, einen Verlust zu akzeptieren und die entsprechenden Empfindungen zu spüren und zu durchleben, wie wir es im Kapitel über Trauer gesehen haben. Es kann praktisch sein, diese Fertigkeiten zu beherrschen, bevor Sie sich an die Übungen machen. Wenn Sie sich energiegeladen genug fühlen, können Sie gleich anfangen. Hier gibt es etwas Neues zu lernen – wie wir Veränderung und Übergang akzeptieren, uns eine neue Identität erarbeiten und dabei tiefere Einsichten in unser Ich gewinnen und wie wir einen neuen Weg zu zielgerichtetem Handeln finden.

Frieden schließen

Wir haben unseren Gefühlen und Empfindungen Platz verschafft. Nun lenken wir unsere Aufmerksamkeit auf unsere Erfahrungen mit Veränderung und Übergang, mit denen Sie sich mithilfe der folgenden Möglichkeiten anfreunden können.

Die Natur als Guru des Wandels

Wenn Sie das ganze Spektrum des Wandels in all seiner Schönheit erleben und verstehen wollen, schauen Sie auf Mutter Natur. Ein Blick auf ihre Überlebenskraft und ihre Fähigkeit, auch unter widrigsten Umständen zu gedeihen, erinnert uns daran, dass der menschliche Geist über dieselbe Kraft verfügt. Denken Sie an die kleine Blüte, die sich zwischen den Pflastersteinen hervorkämpft und dabei jede verfügbare Ressource nutzt. Das können wir auch. Wir können so widerstandsfähig und formbar sein wie die Weide, die sich biegt und im Wind wiegt. Wir können wieder aufblühen wie das Leben nach einem Waldbrand. Wie der Schmetterling ausharrt, bevor er im richtigen Moment aus seinem Kokon kommt, können auch wir uns Zeit lassen. Der Bauer weiß und respektiert, dass er sein Feld brach liegen lassen muss. Die Jahreszeiten erinnern uns daran, dass im Leben nichts von Dauer ist, dass alles seine Zeit hat und jedes neue Stadium Schönheit und Sinn mit sich bringt – das Versprechen einer Knospe, die Anziehungskraft und Bestäubung einer Blüte, die verwelkenden Blätter und die Rückkehr in die Erde, um die nächste Blüte zu ernähren.

Die Natur lehrt uns, dass alles so ist, wie es ist. Wir müssen uns darin üben, Dinge hinzunehmen, denn weder Mühen noch Wollen oder Wünschen werden sie ändern. Dagegen anzukämpfen, kostet nur Kraft.[50] Nutzen Sie das Vorbild der Natur, um sich auf diese Erkenntnis einzulassen, und nehmen Sie alles, wie es ist. Das kann unangenehm und schmerzlich, aber auch befreiend sein. Meditieren Sie über die Natur und lernen Sie, sie hinzunehmen. Versuchen Sie dieses Ritual, um sich mit den Jahreszeiten des Lebens zu verbinden – schneiden Sie ein paar Blumen im Garten. Genießen Sie ihre Schönheit und lassen Sie sich von ihr erfüllen. Wenn die Blütenblätter abfallen, gestalten Sie daraus ein Mandala und betrachten Sie die Form. Dann werfen Sie sie wieder in den Garten, wo sie im Boden in den Kreislauf zurückkehren und der nächsten Blume als Nahrung dienen. Einen Gemüse- oder Kräutergarten zu pflegen, kann Sie ebenso in den natürlichen Prozess einbeziehen. Diese Mantras können Sie unterstützen: „Ich gebe mir Zeit. Ich habe genug Zeit!", „Ich ehre die Ruhezeit. Nichts blüht das ganze Jahr über", „Ich genieße das Schöne und schließe Frieden mit dem Schmerzlichen."

Was wir essen

Es ist ganz einfach, im Rhythmus der Veränderung zu leben, wenn wir saisonale, regional produzierte Lebensmittel essen. Wir gewöhnen uns an Veränderungen, wenn wir neue Speisen und Getränke, Rezepte und Produkte verschiedener Kulturen probieren.

Den Atem nutzen

Wir können unterschiedliche Arten des Atmens nutzen, um uns in Übergangszeiten zu stärken.

Langes Ausatmen – Versuchen Sie, lang auszuatmen, um etwas loszulassen und einen Abschied zu durchleben.

Wechselatmung – Sie kann beruhigend und ausgleichend wirken[51] und uns Halt geben, während wir uns in der neutralen Zone befinden. Legen Sie Zeige- und Mittelfinger Ihrer Hand zwischen die Augenbrauen. Mit dem Daumen und der Spitze Ihres Ringfingers schließen Sie abwechselnd die Nasenlöcher. Schließen Sie zuerst das rechte Nasenloch und atmen Sie durch das linke ein. Schließen Sie dann das linke Nasenloch und atmen Sie durch das rechte aus. Dann atmen Sie durch das rechte Nasenloch ein und durch das linke aus. Atmen Sie abwechselnd durch das eine oder andere Nasenloch für etwa fünf Minuten. Beenden Sie die Übung immer, indem Sie links ausatmen. Manchmal reicht allein die Vorstellung, um das Nervensystem zu beruhigen.

Ujjayi-Atmung – Sie spendet Energie und Trost und kann Sie unterstützen, wenn Sie etwas Neues in Angriff nehmen.[52] Bei der Ujjayi-Atmung atmen Sie durch die Nase ein und aus und verschließen dabei teilweise den hinteren Teil der Kehle, als wollten Sie auf einen Spiegel hauchen. Ein- und Ausatmung dauern gleich lang. Der Klang, der dabei entsteht, erinnert an das Meer oder vielleicht an Darth Vader. Spüren Sie, wie der Atem sanft Ihren Hals streichelt. Zunge, Kiefer, Kehle und Hals bleiben entspannt. Versuchen Sie, diese Übung wann und wo Sie wollen, mehrere Minuten zu machen.

Beobachten Sie Ihre Gedanken

Prüfen Sie, ob Sie vergleichen – Zwischen sich und anderen und auch zwischen Ihrem „alten" und „derzeitigen" Ich. Beobachten Sie, wie sich das auf Sie auswirkt. Vergleichen ist eine Angewohnheit, die Sie ablegen können, wenn Sie nicht gut für Sie ist.

Verlassen Sie den Strudel des „Warum" und nutzen Sie die Kraft des „Was" – In Zeiten der Veränderung können wir uns in einem Meer des „Warum" verlieren. Achten Sie darauf, ob Sie sich in diesen endlosen Fragen verlieren, und lenken Sie Ihr Denken auf etwas Konstruktiveres. Konzentrieren Sie sich lieber auf das, was Sie tun können.

Achten Sie auf Ihre Wortwahl – Worte sind mächtig. Formulieren Sie „Ich muss" um zu „Ich darf" oder „Ich beschließe, zu ...". Sagen Sie statt „Ich kann nicht" „Ich werde nicht".

Denken Sie daran: Es wird nicht immer so sein – Selbst wenn das Ende noch nicht in Sicht ist, finden Sie vielleicht Trost in den Worten „Auch das wird vorbeigehen".

Die Saat ausbringen: Wie ist Ihr Verhältnis zu Veränderung und Übergang? Ist die Unterscheidung für Sie neu? Helfen Ihnen die Definitionen dabei, zu verstehen, warum Wandel so schwierig ist? Einzeln betrachtet: Wie fühlen Sie sich, wenn Sie äußere Einflüsse und Umstände auf Veränderungen betrachten? Woran denken Sie, wenn Sie sich die Stationen eines Übergangs vor Augen halten – ans Ende, ans Stadium der Neutralität, an den Neuanfang? Sie könnten ein anderes Verständnis dafür entwickeln. Zeichnen Sie einen Zeitstrahl mit allen wichtigen Veränderungen in Ihrem Leben und denken Sie über die Erfahrungen nach, die Ihr Verständnis von Veränderung und Übergang geformt haben. Wenn dabei negative Gedanken aufkommen, überlegen Sie, was Ihre Denkweise erweitern könnte.

LERNEN SIE SICH KENNEN:
DER WEG ZUR WIEDERGEBURT

Was heißt für Sie Identität?

Wer sind Sie inmitten dieses Wandels? Identität wird oft mit Namen, äußerem Erscheinungsbild, Fähigkeiten, Interessen, Hobbys, Gender, Sexualität, Bildung, Karriere, Beziehungsstatus, Finanzen, Community, Nationalität, Ethnie, Religion, Sprache, Kultur und politischer Überzeugung verbunden. Aber was liegt dahinter? Welche Konstanten gibt es? Wer sind Sie wirklich, was bleibt, wenn die Äußerlichkeiten wegfallen? Das Schöne am „Niemandsland des Übergangs" ist, dass Sie das dort herausfinden können. Haben Sie sich mit Ihrem dauerhaften, von keinem Ereignis überschatteten Teil verbunden, während wir unsere Empfindungen, Gefühle und Gedanken und deren Vergänglichkeit beobachtet haben? Können Sie sich diesen Teil Ihres Ichs als göttlich oder vielleicht als Ihr Bewusstsein vorstellen? Sie sind mehr als Ihre Geschichte. Sie sind mehr als die Rollen, die Sie spielen. Was steckt hinter diesen Rollen und Verantwortlichkeiten? Wir werden von den Ereignissen unseres Lebens geprägt, aber wir müssen uns nicht von ihnen definieren lassen.

Denken Sie einen Moment darüber nach, wie Sie sich definieren und wie alles im Leben verbunden ist. Setzen Sie sich auf eine Bank und beobachten Sie das geschäftige Treiben um sich herum. Tun Sie das mit allen Sinnen, schmecken, hören und sehen Sie, nehmen Sie die Strukturen wahr und die Erinnerungen, die all das weckt. Lassen Sie sich darauf ein und beobachten Sie die Bewegungen der Menschen um Sie herum – Menschen wie Sie, die die Welt an sich vorbeiziehen lassen und Ihr Erleben teilen. Achten Sie auf andere, die gehen, rennen, fahren, Busse, Züge oder Flugzeuge nehmen. Erinnern Sie sich daran, wie Sie mit diesen Verkehrsmitteln unterwegs waren und wohin Sie gereist sind. Erwecken Sie in sich das Gefühl eines gemeinsamen Ziels. Nehmen Sie wertfrei wahr, was um Sie herum geschieht. Haben Sie so etwas schon mal erlebt? Spüren Sie die Menschlichkeit, die Sie umgibt, und denken Sie darüber nach, dass Sie wie alle anderen ein wichtiger Teil des Gesamtbilds sind. Wie fühlt es sich an, wenn Sie sich weniger über Äußerlichkeiten definieren? Spüren Sie die natürliche Verbindung mit der Welt und dass Sie Teil von etwas Größerem sind. Erkennen Sie Ihren Platz darin und den aller anderen. Sie sind wichtig. Jeder ist wichtig. Halten Sie sich den Kosmos vor Augen und denken Sie darüber nach, wie er sich in allen Feinheiten des Körpers bis in die Struktur einer Zelle widerspiegelt.

Schreiben Sie sich einen Brief, was Sie an sich mögen. Was wollen Sie sich sagen? Was möchten Sie hören?

Zeichnen Sie Ihre Lebensereignisse auf einen Zeitstrahl – Blicken Sie auf Erreichtes und Erlebtes zurück. Wie würde sich jemand anderes in Ihrer Lage fühlen?

Sehen Sie das Positive – Welche Eigenschaften schätzen Sie an sich?

Reflektieren Sie Ihre derzeitige Situation – Geht es Ihnen gerade gut? Loben Sie sich nicht nur für gute Leistungen, sondern auch für Ihre Mühe, Ausdauer und Ihren Mut.

Veränderung & Übergang

Erkunden Sie Ihre Ängste – Erkennen Sie, warum Sie diese Ängste haben. Wann fühlen Sie sich wohl und warum? In Momenten des Einklangs mit unseren Werten sind wir entspannt. Denken Sie vor diesem Hintergrund darüber nach, was Sie fühlen und welchen Zweck Sie verfolgen.

Gehen Sie sich selbst gegenüber eine Verpflichtung ein – Sorgen Sie dafür, dass Sie nicht vernachlässigen, was Ihnen wichtig ist, auch nicht die Selbstfürsorge. Wie könnte das aussehen?

IDENTIFIZIEREN SIE IHRE STÄRKEN & WERTE

Ihre Stärken sind die Dinge, die Sie ganz mühelos gut können, und Ihre Werte sind das, was Ihnen am meisten bedeutet. Beides bringt Licht ins Leben und motiviert uns. Wir fühlen uns stark, wenn wir unsere Stärken gut einsetzen, und in Krisenzeiten können wir auf sie zurückgreifen. Unsere Werte zu kennen, hilft uns, auch in schwierigen Zeiten einen Sinn zu erkennen.

Spielen Sie mit den folgenden Methoden, um sich besser kennenzulernen:

- Zu wem spüren Sie eine Verbindung? Warum?

- Wen bewundern Sie (Menschen aus Ihrem Umfeld, Prominente, historische oder fiktionale Figuren)? Warum?

- Auf welche Augenblicke sind Sie besonders stolz? Warum? Welche Ihrer Eigenschaften haben Ihnen das ermöglicht?

- Wie würden Sie Ihre Zeit verbringen, wenn Sie nicht für Ihr Geld arbeiten müssten?

- Wenn Sie nichts zu befürchten hätten, was würden Sie unternehmen oder nicht mehr tun?

- Denken Sie darüber nach, was Sie wütend macht. Welche Ihrer moralischen Vorstellungen werden dann verletzt?

- Machen Sie den Onlinetest www.charakterstaerken.org, in dem Sie Ihre 24 Charakterstärken herausfinden können. Die ersten fünf sind Ihre größten Stärken, an den letzten fünf können Sie noch arbeiten, wenn Sie möchten.

- Halten Sie die verschiedenen Rollen, die Sie im Leben spielen, in einem Notizbuch fest und überlegen Sie, welche Eigenschaften Sie in diesen Rollen haben möchten. Wie möchten Sie erlebt werden? Inwiefern wären Sie gern ein Vorbild für andere? Wie soll man sich an Sie erinnern?

Posttraumatisches Wachstum[53]

Man kann aufgrund einer Veränderung den Weg zu einem neuen Selbstgefühl ebnen, indem man trotz des Schmerzes nach Möglichkeiten sucht, durch die Krise zu wachsen. Die folgenden Fragen können Ihnen helfen, im Chaos einen Sinn zu entdecken und, sobald wieder etwas Ruhe eingekehrt ist, einen Lichtblick in Ihren Problemen zu finden.

- Wie verändert diese Erfahrung Ihren Blick auf Ihre Fähigkeiten und Ziele?

- Was lernen Sie über das Leben oder die Welt?

- Haben sich durch die Krise neue Wege eröffnet?

- Vertiefen sich Beziehungen angesichts der Herausforderungen?

- Wächst im Licht dieser Erfahrung Ihre Wertschätzung für wertvolle Aspekte des Lebens oder das Leben an sich?

 Die Saat ausbringen: Fragen Sie sich, was Sie in Krisenzeiten über sich, über andere und die Welt lernen. Erkennen Sie darin eine Möglichkeit, zu wachsen und eine neue Eigenschaft zu entwickeln, die Ihnen gefällt? Betrachten Sie das Bild im Ganzen, aus einer erweiterten Perspektive. Können Sie sich eine große Portion Liebe und Mitgefühl schenken und erkennen, dass die Lage schwierig und schmerzvoll ist und dass das jeder so empfinden würde?

WERDEN SIE AKTIV

Wir haben ausführlich über das Aufgeben, Annehmen und Friedenschließen gesprochen, aber es gibt auch eine Zeit des Handelns. Sie brauchen das Leben nicht einfach passiv hinzunehmen, sondern können kraftvoll, kreativ und gewitzt darauf reagieren und entscheiden, wofür Sie Energie, Aufmerksamkeit und Arbeit investieren. Dabei sollte Ihnen klar sein, was Sie kontrollieren können, was Ihnen wirklich wichtig ist und was möglich ist. Zeichnen Sie für den Anfang eine Life-Map (siehe Seite 104) und nutzen Sie die folgenden Übungen, um Ihre nächsten Schritte zielgerichtet zu unternehmen.

Achtsamkeitsritual

Setzen Sie sich hin und lockern Sie die Anspannung in Hals, Nacken und Brust, indem Sie die Schultern rollen und den Kopf hin und her drehen (siehe Seite 89). Lassen Sie den Tag von Ihren Schultern gleiten und atmen Sie ein paarmal entspannt durch. Bilden Sie mit den Händen vor Ihrer Brust ein Spitzdach, die Finger sind gespreizt, die Fingerspitzen beider Hände berühren sich. Spüren Sie den Puls und die Wärme in den Fingerspitzen und wie diese Geste Ihren Geist ins Hier und Jetzt lenkt. Beobachten Sie nun, wie die Erhebungen Ihrer Fingerspitzen die Struktur Ihres Mundes widerspiegeln. Drücken Sie die Zunge an den Gaumen und spüren Sie, dass auch er wie ein nach oben strebendes Dach geformt ist. Hier finden sich Gelassenheit und Frieden. Sprechen Sie die Worte „Ich bin der Architekt meines Lebens" und atmen Sie Leben und Glauben in diese Aussage.

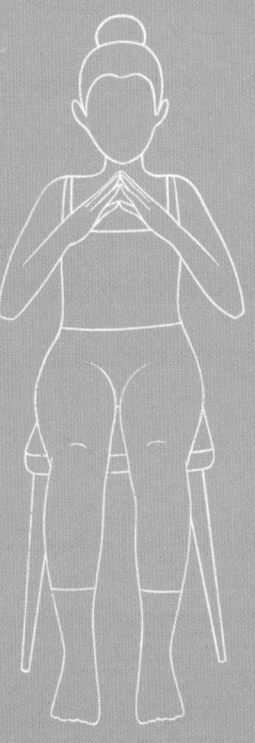

 Die Saat ausbringen: Jedes Mal, wenn Sie sich wünschen, von jemandem gerettet zu werden, oder wenn Sie eine Situation umgehen möchten, denken Sie daran, dass Sie es schaffen können. Fragen Sie sich, was Sie jetzt tun können. Selbst wenn Sie im Augenblick keine klare Antwort parat haben – es wird sich eine Lösung ergeben. Halten Sie die Ungewissheit noch ein wenig aus?

Veränderung & Übergang

Erkennen Sie Ihre Grundlagen

Wenn wir etwas Neues beginnen, haben wir oft das Gefühl, bei null anzufangen, und das kann erschreckend sein. Aber denken Sie daran: Sie fangen nicht wieder ganz vorn an. Jede Lektion des Lebens, jede Einsicht, jede Stärke, die Sie entwickeln, und jede Fertigkeit, die Sie gelernt haben, bilden das Fundament und das Gerüst für den neuen Lebensabschnitt, selbst wenn der sich stark von dem davor unterscheidet. Alles lässt sich übertragen und ist relevant und anwendbar. Vielleicht schreiben Sie einige dieser Lektionen auf.

Lernen Sie Ihr „bestes zukünftiges Ich" kennen

Spüren Sie, wie sich Ihre neue Identität herausbildet, und denken Sie dabei daran, dass Sie nicht ein einzelnes Ziel anstreben. Ihr ganzes Leben ist ein endloser Prozess. Stellen Sie sich vor – ohne sich dabei unter Druck zu setzen –, wie Ihr „bestes zukünftiges Ich" aussieht. Wer soll aus den Trümmern emporsteigen, die Ihre jetzige Lebenslage hinterlässt? Wie spricht diese Person mit sich selbst und anderen? Welche Entscheidungen trifft sie? Womit verbringt sie ihre Zeit? Sie können sich das einfach vorstellen, als Text oder Notiz aufschreiben, zeichnen oder Bilder und Wörter dazu ausschneiden und eine Collage gestalten. Betrachten Sie diese Inkarnation von sich selbst, gehen Sie eine Beziehung mit ihr ein und stellen Sie sich Gespräche mit ihr vor. Profitieren Sie von ihrer Unterstützung und ihrem Feedback.

 Die Saat ausbringen: Fragen Sie sich in schwierigen Zeiten, was Ihr „bestes zukünftiges Ich" tun würde. Bedenken Sie, dass jede Entscheidung, die Sie im Einklang mit Ihrer Vision treffen, Sie einen Schritt näher an diese Version Ihres Ichs bringt.

Entscheidungen, Entscheidungen ...

Wenn Sie sich auf einen neuen Weg machen, können sich unzählige Entscheidungen ergeben. Fühlen Sie sich davon überfordert, sortieren Sie sie aus, um einen besseren Überblick zu bekommen und zu erkennen, was Sie genau jetzt entscheiden müssen. Lassen Sie sich dabei gegebenenfalls von einem Freund helfen oder machen Sie einen strammen Spaziergang, um den Kopf freizubekommen. Erkennen Sie, dass es nicht um „Richtig" oder „Falsch" geht. Vielleicht gibt es mehrere Möglichkeiten und es ist besser, statt der richtigen eine gute Entscheidung zu treffen. Eine gute Entscheidung geht mit Ihren Werten konform und nutzt Ihre Stärken. Sie werden das auch körperlich spüren. Wenn Sie mit Ihrer Entscheidung zufrieden sind, fühlen Sie das im Bauch und an Ihrem Atem. Wenn etwas nicht stimmt, teilt Ihnen Ihr Körper auch das mit. Folgen Sie also Ihrem Bauchgefühl. Wenn Sie sich nicht entscheiden können, hilft es vielleicht, sich eine Frist zu setzen und diese Fragen zu bedenken:

- Was habe ich davon, wenn ich mich so entscheide?

- Was verliere ich, wenn ich diesen Weg nicht beschreite?

- Was motiviert mich – ist es Angst, Zweifel, mein innerer Kritiker, Hoffnung, Einsicht oder Mut?

- Müsste ein Freund diese Entscheidung treffen, was würde ich ihm raten?

 Die Saat ausbringen: Wenn eine anstehende Entscheidung Sie belastet, verlassen Sie sich auf Ihre Neugierde. Es muss nicht schwer sein, den richtigen Weg zu finden. Lassen Sie sich von Zweifeln und Ihrem inneren Kritiker nicht sagen, es sei zu schwierig oder Sie wüssten nicht genug. Legen Sie den Samen aus, sorgen Sie liebevoll für ihn. Erdrücken Sie ihn nicht mit Sorgen. Lassen Sie ihn reifen und beobachten Sie, was dabei herauskommt. Sie können dabei flexibel sein – versuchen Sie etwas, und wenn es nicht funktioniert, haben Sie etwas gelernt und entwickeln sich dadurch weiter. Lassen Sie sich von diesen Mantras bei der Entscheidungsfindung unterstützen: „Ich kenne mich", „Ich vertraue mir", „Ich vertraue meinen Instinkten", „Ich vertraue darauf, dass meine Entscheidungen richtig sind".

Veränderung & Übergang

Lassen Sie sich von Ihrem Team helfen

Wer in Ihrem Team kann Sie in diesem neuen Lebensabschnitt unterstützen? Manchmal hilft es schon, laut auszusprechen, was man in Bewegung setzen will. Oder man formuliert einen psychologischen Vertrag mit sich selbst, der einen in der Spur hält, oder man findet einen Zuhörer in schwierigen Zeiten und eine warme Umarmung, um einen Erfolg zu feiern. Gibt es jemanden, der bereits Ähnliches erlebt hat? Wenn Sie etwas tun oder erreichen möchten, können Sie sich dann an jemanden wenden, der Ihnen von seinen Erfahrungen berichten kann? Vielleicht müssen Sie über Ihren üblichen Kreis hinaus nach einer Person oder Gruppe suchen. Oder Sie gründen Ihre eigene Selbsthilfegruppe oder eine Nachbarschaftsgruppe, in der Sie mit verwandten Seelen zusammenkommen. Anderen zu helfen, gibt Kraft und fördert die eigene Heilung.

Zielsetzungen, die Ihnen Energie schenken

Ist die neue Richtung erst einmal klar, hilft es, Ziele zu formulieren, um aktiv zu werden. Die Grundlage dafür sollten Ihre Wünsche für sich selbst und nicht für andere sein und Ihre Ziele sollten sich an Ihren Werten orientieren. Ob das so ist, erkennen Sie, wenn Sie darüber nachdenken, „warum" Sie sich in diese Richtung bewegen wollen. Sie sollten auf das ausgerichtet sein, wovon Sie gern mehr im Leben hätten, und nicht darauf, was Sie vermeiden wollen. Ihre Ziele müssen sich ergänzen und sollten nicht miteinander konkurrieren. Auch Variablen wie Zeit, Energie und Geld müssen beachtet werden, denn sie verändern sich ständig. Deshalb sollten Ihre Ziele flexibel und realistisch sein.

Wie aus Veränderungen nachhaltige Gewohnheiten werden

- Wenn Sie eine Veränderung herbeiführen möchten, denken Sie zunächst darüber nach, was Sie zurzeit tun. Sehen Sie Ihre Entscheidungen genau an und betrachten Sie deren Auswirkungen. Fragen Sie sich, was Sie verlieren, wenn Sie immer so weitermachen.

- Schauen Sie genau auf das, was Sie verändern wollen, und fragen Sie sich, *warum* Sie etwas anders machen wollen. Es ist das Warum, das Sie bei der Stange halten wird, wenn sie in Versuchung geraten.

- Damit die Veränderungen Bestand haben, müssen wir sie in kleinen Schritten vollziehen. Vergessen Sie allumfassende Änderungen, die sich erfahrungsgemäß nur schwer beibehalten lassen. Gehen Sie den Wandel an, indem Sie eine Gewohnheit nach der anderen ändern. Verändern Sie beim Essen zum Beispiel erst eine Mahlzeit am Tag, bis Sie die neue Art zu essen verinnerlicht haben. Dann können Sie den nächsten Schritt machen.

Entwickeln Sie Vertrauen und Mut mithilfe Ihres Körpers

Bringen Sie Ihre Lebenspläne mit dem Körper zum Ausdruck, statt nur über sie nachzudenken. Benutzen Sie den Ujjayi-Atem (siehe Seite 165), um die ganze Vielfalt Ihrer Pläne zu erkunden und zugleich Ihre Stärke und Entschlossenheit zu vertiefen. Sie können auch die folgenden Mantras sprechen und beobachten, wie Ihre Haltung Ihnen eine körperlich spürbare Wahrnehmung dieser Sätze vermittelt:

- „Ich kann auf mich selbst aufpassen."

- „Ich bin mein eigener Anwalt."

- „Ich kenne meine Grenzen."

- „Ich sage meine Wahrheit."

- „Ich bin fähig, erfinderisch, kreativ, stark, widerstandsfähig und bereit."

- „Ich bin standhaft."

- „Nichts wird mich vom Kurs abbringen."

- „Ich kenne mein Warum."

Seitbeuge in Bergposition – für Energie und Beweglichkeit

Stellen Sie sich vor, Sie stehen zwischen zwei Glasscheiben, sodass Sie Ihre Wirbelsäule nicht beugen oder rund machen können. Sie können nur die Arme nach oben strecken. Atmen Sie ein und heben Sie den rechten Arm seitlich nach oben. Die Handfläche zeigt zu Ihnen. Beim Ausatmen strecken Sie den Arm nach links oben und neigen den Oberkörper nach links. Die linke Hand gleitet am Oberschenkel entlang Richtung Knie. Atmen Sie ein und richten Sie sich wieder auf, der rechte Arm zeigt nach oben. Lassen Sie ihn beim Ausatmen sanft wie eine Feder an Ihre rechte Seite fallen. Wiederholen Sie das mit dem linken Arm und neigen Sie sich zur rechten Seite, insgesamt 3- bis 6-mal zu jeder Seite. Spüren Sie, wie sich Ihre Beweglichkeit und Ihr Elan steigern.

Dynamischer Stand – Balance für Ihre Körpermitte

Stellen Sie die Beine hüftbreit auf. Atmen Sie ein und heben Sie Ihr rechtes Knie so weit hoch wie möglich, der Fuß ist angezogen. Beim Ausatmen nehmen Sie den rechten Arm auf Schulterhöhe nach hinten und den linken nach vorn. Drehen Sie den Körper nach rechts. Wenn Sie aus dem Gleichgewicht geraten, blicken Sie nach vorn. Mögen Sie es etwas schwieriger, blicken Sie nach rechts. Atmen Sie ein und heben Sie die Arme über den Kopf. Blicken Sie nach vorn. Beim Ausatmen senken Sie die Arme und stellen das rechte Bein wieder ab. Wiederholen Sie das auf der linken Seite, insgesamt 3- bis 6-mal auf jeder Seite. Der Bauchnabel zieht dabei nach innen und der Rücken ist fest. Dies ist eine schwierige Übung. Nutzen Sie sie, um ein Gefühl für das „richtige Maß an Anstrengung" zu finden – zu wenig, und wir sind schlaff, zu viel, und wir werden steif. Finden Sie den richtigen Punkt dazwischen. Das hilft Ihnen, diese Haltung und Ihr Leben insgesamt auszubalancieren.

Holzhacker-Twist – macht locker und geschmeidig

Stellen Sie sich in eine leichte Grätsche, die Zehen zeigen nach vorn, die Hände sind in Gebetshaltung vor dem Herzen. Atmen Sie ein, strecken Sie die Hände weit nach oben und blicken Sie hinauf. Beim Ausatmen beugen Sie das rechte Knie, drehen den Körper nach rechts und legen den linken Ellbogen auf den rechten Oberschenkel. Der Hals bleibt gerade und die Hände fest vor dem Herzen. Beim Einatmen strecken Sie die Beine, heben die Hände und blicken nach oben. Dann wiederholen Sie die Übung zur linken Seite. 3- bis 6-mal zu jeder Seite wiederholen. Spüren Sie, wie Ihnen die Drehung eine neue Sichtweise eröffnet und wie viel größer Sie sich danach fühlen.

Tänzer – für Mut

Stehen Sie aufrecht und halten Sie den rechten Knöchel mit der rechten Hand. Becken und Brust bleiben gerade. Versuchen Sie vorsichtig, das rechte Bein nach hinten zu schieben, indem es gegen Ihre Hand drückt. Brust und linke Hand ziehen nach vorn. Aus der gleichzeitigen Bewegung nach vorn und hinten entsteht eine dynamische Spannung. Ihre Körpervorderseite verlängert sich wie ein gespannter Bogen. Spüren Sie die Arbeit der Muskeln in der Körperrückseite und versichern Sie sich so Ihrer eigenen Stärke. Bleiben Sie fünf bis zehn gleichmäßige Atemzüge so und wiederholen Sie die Übung auf der anderen Seite.

Gegrätschte Vorbeuge – zum Auftanken

Stellen Sie sich in einer leichten Grätsche aufrecht hin. Die Zehen zeigen nach vorn. Beugen Sie sich beim Ausatmen mit weichen Knien aus der Hüfte nach vorn und bewegen Sie die Fingerspitzen in Richtung Boden. Beugen Sie die Knie so weit, bis Sie bequem stehen. Gestatten Sie Ihrer Wirbelsäule, sich zu strecken, und lassen Sie den Kopf hängen. Vielleicht umfassen Sie Ihre Ellbogen, wenn sich das gut anfühlt. Bleiben Sie fünf Atemzüge lang so, dann legen Sie sich über Ihr rechtes Bein und umfassen den rechten Fuß, das Sprunggelenk oder das Knie. Der Kopf ist zu den rechten Zehen orientiert. Bleiben Sie fünf bis zehn Atemzüge lang in dieser Haltung.

Wiederholen Sie die Übung nach links und kommen Sie für fünf weitere Atemzüge in die Mitte zurück. Gehen Sie direkt in den Vierfüßlerstand oder in die Kindeshaltung (siehe Seite 136), um sich zu erholen. Halten Sie sich vor Augen, dass es eine Zeit für die Anstrengung und eine Zeit zum Entspannen gibt.

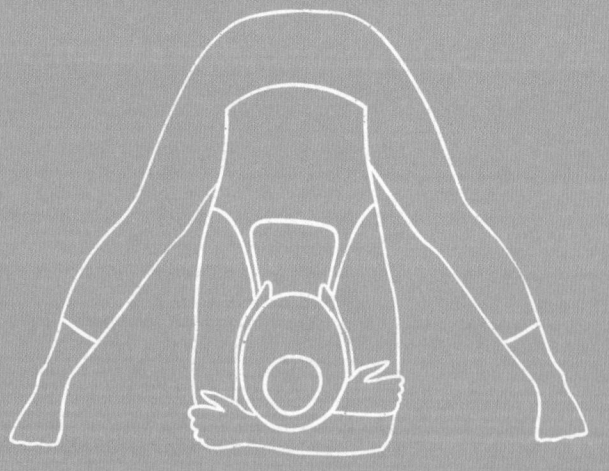

Herabschauender Hund mit nach außen gedrehten Händen – Kraft und Halt in Ihrer Körperrückseite

Aus dem Vierfüßlerstand heben Sie das Becken an und drücken die Fersen nach hinten und unten. Lassen Sie die Knie gebeugt, falls Ihnen das hilft, den Rücken gerade zu halten. Spüren Sie, wie die Muskeln in den Armen und Schultern arbeiten. Drehen Sie nun die Fingerspitzen nach außen. Fühlen Sie, wie Ihre Schultern flacher werden und die obere Rückenmuskulatur arbeitet? Verbinden Sie sich mit dem Gefühl der Stärke und des Halts in Ihrem Körper. Als besondere Herausforderung versuchen Sie, die Muskeln gespannt zu halten, während Sie die Hände wieder nach vorn drehen. Nach fünf bis zehn Atemzügen in dieser Haltung kommen Sie in die Kindeshaltung (siehe Seite 136), wobei der obere Rücken entspannt, weich und rund wird. Muskeln können weich sein und loslassen, doch wenn es nötig ist, sind sie stark. Denken Sie daran, dass Sie – weich oder stark – Ihr eigener sicherer Hafen sein können.

Ausruhen!

Die Arbeit ist getan. Legen Sie sich auf Bauch oder Rücken oder legen Sie die Beine an die Wand, so wie es für Sie angenehm ist. Genießen Sie fünf Minuten Ihren Atem, lassen Sie Ihren Körper weich werden oder wiederholen Sie ein Mantra, das Ihrer gewünschten Stimmung entspricht. Baden Sie im Licht dieses Moments, fühlen Sie sich lebendig und dankbar für den Atem.

 Die Saat ausbringen: Beobachten Sie, wie Sie Körper, Atem und Geist nutzen können, um sich stark und tatkräftig zu fühlen. In Zeiten von Veränderung und Übergang heben Sie die Krone Ihres Kopfes an, lassen die Schulterblätter nach unten sinken und spüren die Kraft Ihres Rückens. Denken Sie daran, dass Sie für sich selbst eintreten und für Ihre Werte aktiv werden können.

WERKZEUGE

Wenn ich durcheinander und orientierungslos bin, ...

- halte ich meine eigene Hand oder lege meine Hände über mein Herz und wiederhole die Worte „Ich bin mein eigener sicherer Hafen" oder „Ich fühle meinen Atem nach Hause kommen".
- beobachte ich meine Gedanken, Gefühle und Empfindungen und verbinde mich mit dem Teil in mir, in dem sich diese Veränderungen vollziehen.
- erinnere ich mich daran, dass es in Ordnung ist, nicht jede Antwort zu kennen. Klarheit stellt sich mit der Zeit ein.
- begegne ich mir mit Liebe und Freundlichkeit und suche Orientierung in meinem Vitalitätsrad.

Wenn ich ungeduldig bin oder unter Druck stehe, ...

- atme ich entspannt und wiederhole die Worte „Ich habe alle Zeit der Welt".
- betrachte ich meine Ziele und meinen Tagesplan und nehme mir nicht zu viel vor. Ich konzentriere mich nur auf das, was heute erledigt werden muss.
- gebe ich mir ein paar Minuten, um neu zu starten. Zu viel Anstrengung führt zu nichts und ein bisschen Entspannung kann mir den Frieden und die Klarheit geben, die ich brauche.

Wenn ich nicht weiterkomme, ...

- überlege ich, ob Vergebung, Akzeptanz oder Dankbarkeit mich weiterbringen könnten.
- hole ich mir einen Energieschub in der Schönheit der Natur oder bei einer meditativen Dusche.
- durchbreche ich mit einer winzigen Tat das Festgefahrene.
- nehme ich ein paar langsame, entspannte Atemzüge (siehe Seite 134).

Wenn ich in Versuchung bin, ...

- frage ich mein „zukünftiges bestes Ich", was es an meiner Stelle tun würde.

- erinnere ich mich an meine Werte und Absichten und bedenke die Konsequenzen, wenn ich der Versuchung nachgebe. Was habe ich zu verlieren?
- lenke ich mich mit etwas Schönem ab – Duft, Bewegung, Natur, etwas Fröhlichem.
- bitte ich einen Freund um Hilfe.
- erkunde ich, was hinter diesem Impuls steckt, und kümmere mich mit Liebe und Mitgefühl um dieses tiefe Bedürfnis.

Wenn ich weiß, was ich will, aber nicht, wie ich es erreiche, werde ich ...

- in TED-Talks, Podcasts oder Büchern herausfinden, wie andere etwas Ähnliches geschafft haben.
- mit meinem Team sprechen und sehen, welche Ideen sie haben.
- mich an früher erinnern, wenn ich mich so gefühlt habe, und erkennen, dass ich selbst Lösungen finden kann.
- mich damit trösten, dass es nicht einen einzigen richtigen Weg gibt, sondern viele.
- die Formulierung „Ich frage mich ..." nutzen.

Wenn ich stark sein will, ...

- verbinde ich mich mithilfe meines Körpers mit meiner persönlichen Kraft und spüre, wie die Erde mich trägt. Ich richte meine Wirbelsäule auf, lasse die Schultern sinken und blicke entschlossen nach vorn.
- wiederhole ich die Worte: „Ich stehe erhobenen Hauptes da. Ich kann das. Ich passe auf mich auf."
- atme ich tief durch oder nutze die Ujjayi-Atmung (siehe Seite 165), um mich aufzurütteln.
- erinnere ich mich an frühere Krisen, die ich überwunden habe, denke an meine Stärken und nutze sie, um die Zukunft zu bewältigen.
- denke ich daran, dass ich nicht immer mutig sein muss. Ich darf mir Zeit nehmen, mich zu beruhigen.

NACHWORT

Der Silberstreif am Horizont meiner Probleme: Ich werde nie wieder einen friedlichen Augenblick achtlos vorbeiziehen lassen.

Das Buch geht nun zu Ende, aber unsere gemeinsame Reise geht weiter. Kehren Sie zu diesem Buch, Ihrem Freund zum Mitnehmen, zurück und schlagen Sie es bei Bedarf auf. Dies ist ein Prozess und wir durchlaufen ihn gemeinsam. Was Sie beim ersten Lesen erlebt haben, wird Ihnen das nächste Mal anders erscheinen. Fertigkeiten und Techniken haben verschiedene Ebenen und mit jedem Lesen werden Sie Ihre Einblicke vertiefen und auf neue Ideen stoßen, die Ihr Interesse wecken.

Ich hoffe, Sie haben hier Trost gefunden und fühlen sich in Ihrer Krise ein bisschen ruhiger und weniger allein. Ich hoffe, die Verbindung zu Ihrem Körper ist tiefer und liebevoller geworden und Sie wissen, dass Sie selbst Ihr sicherer Hafen sind. Ich hoffe, Sie stehen Ihren Gefühlen versöhnlicher gegenüber. Sie verfügen nun über Methoden, um auch mit schwer zu ertragenden Empfindungen umzugehen. Ich hoffe, Veränderungen und Übergänge sind nicht mehr so bedrohlich und Sie glauben an Ihre Fähigkeit, sich weiterzuentwickeln und auf sich aufzupassen. Ich hoffe, Sie erleben ein Wiederaufflammen Ihrer Energie und Ihres Vertrauens und Sie haben Klarheit und eine neue Vorstellung von Ihrer Identität gefunden. Das alles wird geschehen! Setzen Sie einfach immer einen Fuß vor den anderen und behalten Sie im Blick, dass Sie es wert sind, genährt und umsorgt zu werden. Sie sind wichtig. Selbstfürsorge ist richtig für Sie und kennt keine Grenzen. Ich hoffe, Sie haben vieles kennengelernt, das Ihnen Kraft gibt und die Fähigkeiten zutagebringt, mit denen Sie geboren wurden.

Was kommt nun?

Wir vergessen oft, dass wir stets dranbleiben sollten. Selbst wenn Sie sich leicht und unbeschwert fühlen, sollten Sie die Selbstfürsorge nicht vernachlässigen. Wenn sie schon Teil Ihres Alltags ist, achten Sie weiter darauf, dass Ihre Batterien aufgeladen sind. Oft sagen die, die in ein energetisches Tief zurückfallen: „Oh, das habe ich vergessen … Früher habe ich das gemacht, aber ich habe mich toll gefühlt und dachte, ich brauche das nicht mehr." Das Leben hält immer Überraschungen parat, deshalb sollte Selbstfürsorge immer Thema sein.

Und wenn Sie sie doch vergessen oder aufgeben und wieder in eine Krise geraten, lernen Sie daraus. Alle haben das schon durchgemacht. Stehen Sie wieder auf. Sie wissen, was zu tun ist. Ein Mikromoment der Selbstfürsorge nach dem anderen. Vielleicht fangen Sie sich das nächste Mal auf, bevor Sie fallen. Achten Sie darauf, wie viel schneller Sie dieses Mal wieder auf den Beinen sind.

Sehen Sie, wie weit Sie auf unserer Reise durch dieses Buch gekommen sind. Bitte feiern Sie diese Entwicklung. Wenn Sie noch nicht ganz an dem Punkt sind, den Sie erreichen möchten, ist dafür noch genug Zeit. Und es gibt bestimmt Leistungen und Mühen, für die Sie sich loben können. Das zu feiern gibt Ihnen vielleicht genau die Energie, die Sie brauchen, um den nächsten Schritt zu tun. Nutzen Sie den Silberstreif und machen Sie weiter. Wir lernen und wachsen gemeinsam. Dazu möchte ich Sie ermuntern.

LITERATURHINWEISE

[1] https://www.aerzteblatt.de/nachrichten/88661/Selbstverletzendes-Verhalten-bei-Jugendlichen-Hohe-Praevalenz-in-Deutschland, 19. Januar 2018.

[2] https://www.aerzteblatt.de/nachrichten/101355/Bei-immer-mehr-Kindern-und-Jugendlichen-werden-ambulant-psychische-Stoerungen-diagnostiziert, 27. Februar 2019.

[3] https://www.br.de/nachrichten/wissen/welt-suizid-praeventionstag-zahlen-und-fakten-ueber-selbstmord,RbamflO, 11. September 2019.

[4] Tommys.org, „Suicide is the leading cause of death in new mothers", 1. November 2018.

[5] Jayashri Kulkarni, „Perimenopausal depression – an under-recognised entity", *Australian Prescriber* 41 (6): S. 183–185, 3. Dezember 2018.

[6] Bessel van der Kolk, *Verkörperter Schrecken* (Lichtenau/Westfalen: Probst 2015).

[7] Peter A Levine, *Sprache ohne Worte: Wie unser Körper Trauma verarbeitet und uns in die innere Balance zurückführt* (München: Kösel 2011).

[8] Ebd.

[9] Stephen Porges Lecture, „Polyvagal Theory, Oxytocin and the Neurobiology of Love and Trust", 8. Juni 2019, London.

[10] Bessel van der Kolk, *Verkörperter Schrecken* (Lichtenau/Westfalen: Probst 2015).

[11] Mentalhealth.org.uk, „Let's Get Physical", 2013.

[12] Erik Peper, I-Mei Lin, Richard Harvey, Jacob Perez, „How Posture Affects Memory Recall and Mood", *Biofeedback* Bd. 45, Nr. 2, S. 36–41.

[13] Erik Peper, „Don't slouch!" Improve health with posture feedback", peperperspective.com, 1. Juli 2019.

[14] Erik Peper, I-Mei Lin, „Increase or Decrease Depression: How Body Postures Influence Your Energy Level", *Biofeedback* Bd. 40, Nr. 3, S. 125–130.

[15] Dr. Libby Weaver, „Rushing woman's syndrome", YouTube.com, 29. August 2012.

[16] Arjun Walia, „Big Pharma CEO: ‚My Primary Responsibility is to Shareholders", Collective-evolution.com, 1. Oktober 2019.

[17] Juliete Tocino-Smith, „What is Eustress and How is it Different than Stress?", Positivepsychology.com, 25. Oktober 2019.

[18] Daeun Park et al., „Beliefs About Stress Attenuate the Relation Among Adverse Life Events, Perceived Distress, and Self-Control", *Child Development*, Bd. 89, Nr. 6, November/Dezember 2018.

[19] Christian Jarrett, „What's your stress mindset?", *British Psychological Society Research Digest*, 5. Januar 2018.

[20] Juliete Tocino-Smith, „What is Eustress and How is it Different than Stress?", Positivepsychology.com, 25. Oktober 2019.

[21] Kelly McGonigal, „How to make stress your friend", TEDGlobal 2013, ted.com.

[22] Elizabeth D. Kirby, Sandra E. Muroy, Wayne G. Sun, David Covarrubias, Megan J. Leong, Laurel A. Barchas und Daniela Kaufer, „Acute stress enhances adult rat hippocampal neurogenesis and activation of newborn neurons via secreted astrocytic FGF2", *eLife* 2013; 2: e00362.

[23] Bruce Goldman, „Study explains how stress can boost immune system", med.stanford.edu, 21. Juni 2012.

[24] K. Asbacher, A. O'Donovan, O. M. Wolkowitz, F. S. Dhabhar, Y. Su, E. Epel, „Good stress, bad stress and oxidative stress: insights from anticipatory cortisol reactivity", *Psychoneuroendocrinology*, September 2013; 38(9): S. 1698–1708.

[25] Ebd.

[26] Shawn Achor, „The Right Kind of Stress Can Bond Your Team Together", *Harvard Business Review*, 14. Dezember 2015.

[27] Herbert J. Freudenberger und Geraldine Richelson, *Ausgebrannt: die Krise der Erfolgreichen – Gefahren erkennen und vermeiden* (München: Kindler 1981).

[28] Christina Maslach et al., Maslach Burnout Inventory, mindgarden.com.

[29] Britta K. Holzel et al., „Mindfulness practice leads to increases in regional brain gray matter density", *Psychiatry Research: Neuroimaging*, Bd. 191, Nr. 1, 30. Januar 2011.

[30] Timothy D. Wilson et al., „Just think: The challenges of the disengaged mind", *Science*, 4. Juli 2014, Bd. 345, Nr. 6192.

[31] Erik Peper, „Toning quiets the mind and increases HRV more quickly than mindfulness practice", peperperspective.com, adapted from Peper et al, „Which quiets the mind more quickly and increases HRV: Toning or mindfulness?", *Neuroregulation* 6 (3), 2019.

[32] Adrian F. Ward et al., „Brain Drain: The Mere Presence of One's Own Smartphone Reduces Available Cognitive Capacity", *Journal for the Association of Consumer Research*, Bd. 2, Nr. 2, April 2017.

[33] Trevor Haynes, „Dopamine, Smartphones and You: A battle for your time", Harvard University Blog, 1. Mai 2018.

[34] Leslie J. Seltzer et al., „Social vocalization can release oxytocin in humans", Proceedings of the Royal Society of Biological Sciences, 12. Mai 2010.

[35] Kyle J. Bourassa et al., „The impact of physical proximity and attachment working models on cardiovascular reactivity: Comparing mental activation and romantic partner presence", *Psychopsychology*, 4. Januar 2019.

[36] Erika Jackson, „Stress Relief: The role of exercise in stress management", *ACSM's Health and Fitness Journal*, Mai/Juni 2013, Bd. 17, Nr. 3.

[37] Carol Dweck, „The power of believing you can improve", TEDxNorrkoping, November 2014, ted.com.

[38] Patrice Voss et al., „Dynamic Brains and the Changing Rules of Neuroplasticity: Implications for Learning and Recovery", *Frontiers in Psychology*, 2017; 8: S. 1657.

[39] Elisabeth Kübler-Ross und David Kessler, *Dem Leben neu vertrauen: Den Sinn des Trauerns durch fünf Stadien des Verlustes finden* (Stuttgart: Kreuz 2006).

[40] Jenny Florence, „What is Emotional Health?", huffpost.com. https://www.huffpost.com/entry/what-is-emotional-health_b_6023648

[41] Susan David, *Emotional Agility: Get Unstuck, Embrace Change, and Thrive in Work and Life* (New York: Penguin Random House 2016).

[42] Lisa Feldman Barrett, „Emotional Intelligence Needs a Rewrite", *Nautilus*, 3. August 2017.

[43] Lisa Feldman Barrett et al., „Knowing what you're feeling and knowing what to do about it: Mapping the relation between emotion differentiation and emotion regulation", *Cognition and Emotion*, Bd. 15 2001, Nr. 6.

[44] Todd B. Kashdan et al., „Emotion Differentiation as Resilience Against Excessive Alcohol Use: An Ecological Momentary Assessment in Underage Social Drinkers", *Psychological Science*, 9. August 2010.

[45] Richard S. Pond Jr. et al., „Emotion differentiation moderates aggressive tendencies in angry people: A daily diary analysis", *Emotion*, Bd. 12 (2), April 2012.

[46] https://www.brainyquote.com/citation/quotes/helen_keller_133193

[47] Alexandra Sacks, „A new way to think about the transition to motherhood", TED Residency 2018, ted.com.

[48] Emma Young, „Our Golden Years? Research Into The Ups And Downs Of Retirement, Digested", *British Psychological Society Digest*, 9. Oktober 2019.

[49] William Bridges, *Transitions: Making Sense of Life's Changes* (New York: Da Capo Press 2004).

[50] D. L. MacInnes, „Self-esteem and self-acceptance: an examination into their relationship and their effect on psychological health.", *Journal of Psychiatric and Mental Health Nursing*, Oktober 2006; 13 (5): S. 483–489.

[51] Anant Narayan Sinha et al., „Assessment of the Effects of Pranayama/Alternate Nostril Breathing on the Parasympathetic Nervous System in Young Adults", *Journal of Clinical and Diagnostic Research*, Mai 2013; 7 (5): S. 821–823.

[52] Jitendra Mahour, Pratibha Verma, „Effect of Ujjayi Pranayama on cardiovascular autonomic function tests", *National Journal of Physiology, Pharmacy and Pharmacology*, 9. Dezember 2016.

[53] Richard G. Tedeschi, Jane Shakespeare-Finch, Kanako Taku and Lawrence G. Calhoun, *Posttraumatic Growth* (London: Routledge 2018).

REGISTER

A
Achtsamkeit 69, 81–83, 92–93, 99, 173
Angst 42–44
Arbeit und Burn-out 66
Atem 48, 69, 85–88
  Bienensummen 87
  Geräusche 87
  Techniken 86–87, 134, 142, 164–165
  Veränderung & Übergang 164–165
  Verlust & Trauer 134, 142

B
Baden 83–84
Batterien aufladen *siehe* Energiereserven
Berührung 89–91
Bewegung und Atem 86–87
Beziehungen 22, 95–97
  Stress 61
  Veränderung & Übergang 177
  Verlust & Trauer 145–147
Burn-out 33, 64–115
  Bewältigungsstrategien 69
  Gegenmittel 70–72
  Gründe 66–67
  Symptome 68
  Werkzeuge 114–115

D
Dankbarkeit 70, 107, 112, 128, 130, 151
Depression 125

E
Elternschaft 118
Emotionale Gesundheit 126–128

Emotionale Granularität 138
Emotionen 32, 48–49
  Techniken 140–144
  Umgang mit 128
  Verlust & Trauer 132–133
  Verstehen 138–139
Energiereserven 69, 82–83, 87, 91–92, 95–96, 103–104, 106, 114–115, 124, 134–137, 177, 180
Entscheidungsfindung 108, 175–176
Entschleunigung 81
Entspannung 69, 75–80, 112–113
Entspannungsbibliothek 74
Essen 98–99, 164

F
Familiendynamik 148
  siehe auch Beziehungen
Flucht 42–43, 61–62, 85

G
Genießen 149–151
Gesicht 90–91
Gesundheitsfürsorge 20
Gewohnheiten ändern 178

H
Haltung 51
Hoffnungen 119

I
Identität 118, 167–170, 174

J
junge Menschen 18

K
Kampf oder Flucht 42–43, 61–62

Kiefer 90, 133
Kopf und Hals 89–91
Körper 16, 69, 82–83, 132
Krisenzeiten 6–11, 13–16

L
Lebensereignisse 6–11, 13–16
Life-Map 104–107

M
Mantras 179
Meditation 144, 149
mentale Gesundheit
  siehe psychische Gesundheit
Motivation 60–61
Mut 179

N
Natur 73, 163–164

P
parasympathisches Nervensystem 42, 85
posttraumatische Belastungsstörung 39–40
Problemlösen 106–107
psychische Gesundheit 18–19, 51, 58, 100

R
Rituale für die Schlafenszeit 110–111
ruhige Umgebung 73–74

S
Schlaf 49–50, 56, 63, 110–111
schlechtes Gewissen 27–28
Schuld 40, 44, 58, 103, 120, 126
Schultern 89
Schwierigkeiten 26–27

Vitalitätsrad 29–31
Werkzeuge 23–24
Selbsterkenntnis 32
Selbstfürsorge 20–21
  Notwendigkeit 13–16
  psychische Gesundheit 18–19
  Vorteile 22, 28
Selbsttrost 24, 33, 36
Selbstverantwortung 35–36
Selbstverletzung 18
Sicherheit 118
Sorgen 109
soziale Medien 55–56, 58, 92–93
Soziales-Engagement-System 42, 85
Sport 51, 100
Stärken identifizieren 170–171
Stimmungsbooster 30, 70, 130, 149, 160
Stress 21, 33, 53–63
  Auswirkungen 58
  Bewältigungsstrategien 69
  Gegenmittel 70–72
  Gründe 54–60
  Symptome 62–63
  Vergleich mit Burn-out 63–64
  Vorteile 58–61
  Werkzeuge 114–115
Stressmentalität 60, 101
sympathisches Nervensystem 42

T
Technik 92–93
Telefone 92–93
Therapie 35, 38–39, 125
Trauer *siehe* Verlust & Trauer
Trauma 38–44

Anzeichen 39–40
Gründe 40–44
  posttraumatisches Wachstum 171–172

U
Überforderung der Sinne 54–55, 83–84
Übergang 156–157 *siehe auch* Veränderung & Übergang
Ujjayi-Atmung 165

V
Vagusnervkomplex 42–43, 85
Veränderung & Übergang 33, 156–185
  Auslöser 158
  Bewältigungsstrategien 159
  Gegenmittel 160–161
  posttraumatisches Wachstum 171–172
  Stärken & Werte 170–171
  Techniken 162–166, 173, 180–183
  Werkzeuge 184–185
  Wiedergeburt 167–170
Verbindung *siehe* Beziehungen
Verdauung 63, 68, 85, 99, 110, 142
Vitalitätsrad 30

W
Wachstumsdenken 102–103
Wahrnehmung 102
Werte identifizieren 170–171
Widerstandskraft 19, 22, 61, 75, 89
Wiedergeburt 167–170
Wut 42, 120–121, 126

Y
Yoga 45–47
  Stress & Burn-out 78–80
  Veränderung & Übergang 180–183
  Verlust & Trauer 133–137, 140–144
Yogaübungen
  Abendsequenz 136–137
  Brücke 78–79
  Dynamischer Stand 180
  Handsequenz 80
  Herabschauender Hund 183
  Holzhacker-Twist 181
  Kiefersequenz 133
  Morgensequenz 134–135
  Schmetterling 79
  Seitbeuge in Bergposition 180
  Tänzer 181
  Verbindung zur Körpermitte 78–79
  Vorbeuge, gegrätscht 182

Z
Ziele 30, 70, 130, 160, 177
zukünftiges Ich 20, 26, 108, 160, 174

Register

191

DANKSAGUNG

Ich danke meinem geliebten Mann Dave aus tiefstem Herzen, denn er ist immer für mich da, rettet mich durch schwere Zeiten, steht immer hinter mir und feiert gemeinsam mit mir die Früchte unserer Arbeit. Dank an Charlotte und Ted, ihr seid das Licht all meiner Tage und meine Erfüllung. Ich danke meiner Mutter, die zu mir steht, selbst wenn Ozeane uns trennen. Ich danke meinen Freundinnen Donna, Nikki, Charlotte, Danielle, Clare und Emma für ihren heilsamen Humor und ihre Fürsorge. Dieses Buch ist ein Gemeinschaftswerk und dafür bin ich Jane Graham Maw, Becky Anderson und dem Team bei Aster dankbar, das dieses Buch nicht nur möglich gemacht hat, sondern auch hart daran gearbeitet hat, es herauszubringen, als es am dringendsten gebraucht wurde – mein herzlicher Dank geht an Kate Adams, Pauline Bache, Yasia Williams, Megan Brown, Hazel O'Brien, Melissa Baker und Alice Groser. Ebenfalls danken möchte ich Madeline Kate Martinez, die dieses Buch mit ihrer wunderbaren, heilsamen Kunst zum Leben erweckt hat.